O DIÁLOGO ENTRE AS CULTURAS

FRANÇOIS JULLIEN

O DIÁLOGO ENTRE AS CULTURAS

do universal ao multiculturalismo

Tradução:
ANDRÉ TELLES

Apresentação e revisão técnica:
DANILO MARCONDES
professor de filosofia, PUC-Rio e UFF

ZAHAR
Rio de Janeiro

A Léon Vandermeersch, em agradecimento por seu apoio tão próximo,

a Arnold Davidson, Du Xiaozhen, Roberto Esposito, Paolo Fabbri, Peter Gente, Wolfgang Kubin, Le Huu Khoa, Lin Chi-ming, por nossa aliança a distância.

Título original:
De l'universel, de l'uniforme, du commun et du dialogue entre les cultures

Tradução autorizada da primeira edição francesa, publicada em 2008 por Librairie Arthème Fayard, de Paris, França

Jorge Zahar Editor Ltda.
rua México 31 sobreloja
20031-144 Rio de Janeiro, RJ
tel.: (21) 2108-0808 / fax: (21) 2108-0800
e-mail: jze@zahar.com.br
site: www.zahar.com.br

Liberté • Égalité • Fraternité
RÉPUBLIQUE FRANÇAISE

Cet ouvrage, publié dans le cadre de l'Année de la France au Brésil et du Programme d'Aide à la Publication Carlos Drummond de Andrade, bénéficie du soutien du Ministère français des Affaires étrangères. "França.Br 2009" l'Année de la France au Brésil (21 avril – 15 novembre) est organisée: en France, par le Commissariat général français, le Ministère des Affaires étrangères et européennes, le Ministère de la Culture et de la Communication et Culturesfrance; au Brésil, par le Commissariat général brésilien, le Ministère de la Culture et le Ministère des Relations extérieures.

Este livro, publicado no âmbito do Ano da França no Brasil e do Programa de Apoio à Publicação Carlos Drummond de Andrade, contou com o apoio do ministério francês das Relações Exteriores. "França.Br 2009" Ano da França no Brasil (21 abr – 15 nov) é organizada: na França, pelo Comissariado Geral Francês, pelo Ministério das Relações Exteriores e Europeias, pelo Ministério da Cultura e da Comunicação e por Culturesfrance; no Brasil, pelo Comissariado Geral Brasileiro, pelo Ministério da Cultura e pelo Ministério das Relações Exteriores.

Grafia atualizada respeitando o novo Acordo Ortográfico da Língua Portuguesa

Projeto gráfico: Bruna Benvegnù
Capa: Dupla Design
Ilustração da capa: © Photodisc

CIP-Brasil. Catalogação na fonte
Sindicato Nacional dos Editores de Livros, RJ

J91d Jullien, François, 1951-
O diálogo entre as culturas: do universal ao multiculturalismo / François Jullien; tradução André Telles; apresentação e revisão técnica Danilo Marcondes. – Rio de Janeiro: Jorge Zahar Ed., 2009.

Tradução de: *De l'universel, de l'uniforme, du commun et du dialogue entre les cultures*
ISBN 978-85-378-0176-5

1. Universais (Filosofia). 2. Civilização - Filosofia. 3. Racionalismo. 4. Comunicação intercultural – Filosofia. I. Título.

09–5086 CDD: 111.2
CDU: 111

SUMÁRIO

APRESENTAÇÃO À EDIÇÃO BRASILEIRA

por Danilo Marcondes*

O "universal" é uma invenção do pensamento grego, não apenas como conceito, mas como modo de ver a realidade, como atitude diante dela. A tradição ocidental incorporou essa herança nas grandes vertentes de desenvolvimento de seu pensamento – a filosofia, a ciência, a religião cristã. Afinal, "católico" é um termo grego que significa exatamente "universal".

Portanto, a pretensão de universalidade do conhecimento e igualmente dos valores é, pode-se dizer, uma característica da cultura ocidental, ou melhor, das culturas que se formaram pela influência greco-romana e cristã, projetando-se hoje sobre toda a grande diversidade de culturas de nosso mundo. Que a realidade tenha uma unidade, que possa ser pensada como totalidade é resultado da visão dessa cultura, logo, é uma forma particular – isto é, de uma cultura determinada – de ver a realidade.

Essa questão se tornou especialmente pertinente no mundo contemporâneo globalizado pela economia de mercado e pela comunicação, o que parece reduzir as diferenças, homogeneizar as culturas, fazer com que de Paris a Abu Dhabi, do Rio de Janeiro a Tóquio, se encontrem os mesmos produtos oferecidos ao consumo, até o mesmo tipo de propaganda. A tal ponto que os economistas

---

* Doutor em filosofia (Universidade de Saint Andrews, Reino Unido), professor titular do Programa de Pós-graduação em Filosofia da Pontifícia Universidade Católica (PUC-Rio) e professor adjunto do Departamento de Filosofia da Universidade Federal Fluminense (UFF). É autor de diversas obras, dentre as quais *Iniciação à história da filosofia* (Rio de Janeiro, Jorge Zahar, 12ª ed., 2008).

já tomaram o preço do hambúrguer do McDonald's como indicador comparativo do poder aquisitivo em diferentes sociedades.

Quando as grandes potências ocidentais pretendem exportar o modelo de democracia ocidental para todas as sociedades e usá-lo como parâmetro de desenvolvimento político, tomam mais uma vez a releitura de uma forma específica de organização política, surgida na Grécia, como parâmetro universal. Do mesmo modo, o discurso sobre a defesa dos direitos humanos supõe uma universalidade da natureza humana – em nome da qual se formula e se pretende aplicar – cuja origem se encontra na tradição greco-romana e cristã.

François Jullien explora as várias dimensões desse aparente paradoxo entre uma pretensão universal e sua origem em uma cultura determinada. Essa concepção abstrata e universalista de tal forma condiciona nosso entendimento que torna difícil, quase impossível, pensar fora dela. Porém, talvez possamos pensá-la, ainda que de dentro, criticamente (mas a crítica é também uma invenção grega). Contudo, crítica não significa apenas autoexame, autorreflexão, já que pode ser vista como pensamento que toma consciência de seus limites e aponta para alternativas, permitindo, desse modo, uma abertura para outras culturas, outras formas de pensar.

Por outro lado, é com uma certa perplexidade que vemos hoje, nós, no "mundo ocidental", ressurgirem movimentos políticos, por vezes bastante violentos, de defesa de culturas regionais, de luta pela autonomia, de rejeição do que identificam como "modelo ocidental", levando ao que já foi chamado, talvez impropriamente, de "choque de civilizações".

O autor aprofunda e mesmo radicaliza o problema, a "boa intenção" do diálogo entre as culturas; a dificuldade, quase impossibilidade de fazê-lo; seus aspectos ideológicos; seus interesses subjacentes; o fato de que ainda assim essa tentativa de diálogo parece ser mais uma vez uma manifestação de universalismo.

O modo extremamente original como explora essa difícil questão, em um estilo denso e provocador, consiste em uma análise político-filosófica e sociológico-histórica da articulação de três conceitos-chave para explicitar suas diferenças e semelhanças: o "universal", o "uniforme" e o "comum", que com frequência se confundem em nosso pensamento e mesmo em nosso imaginário. A articulação desses três conceitos-chave e a distinção entre eles, por sua vez, devem ser pensadas em contraste e em comparação com conceitos como a "alteridade", o "singular", o "heterogêneo".

Esses conceitos são considerados através de um método genealógico em seus aspectos *lógicos*, estritamente como conceitos abstratos; *jurídicos*, através da concepção universalista romana de cidadania; e *teológicos*, pelo exame da visão paulina de uma "religião para todos os povos". É, segundo o autor, a análise da gênese desses conceitos que nos permite entender sua influência em nosso pensamento hoje e nos possibilita questionar e repensar a pretensão de exportá-lo como único modelo válido (porque universal) para todas as culturas. É dessa forma também que podemos superar o entendimento e os usos mais tradicionais desses conceitos, continuando a operar com eles em um sentido menos reducionista.

A análise da formação da cultura ocidental, por sua vez, revela o processo pelo qual esses conceitos-chave se constituíram historicamente. Contudo, um exame mais profundo e mais crítico nos mostra que a herança cultural greco-romana foi bem menos linear e contínua do que pode parecer à primeira vista, quando pensamos de forma homogênea em "cultura ocidental". Essa tradição foi influenciada pela cultura judaica no surgimento do cristianismo; alterou-se radicalmente com a invasão do Império Romano por povos bárbaros nômades, que deram diversas contribuições culturais; em seguida, incorporou elementos da cultura árabe islâmica, quando esta chega até a Europa ocidental e provoca um profundo impacto no mundo cristão; e, finalmente, com a descoberta do Novo Mundo, passou por uma nova transformação, quando o mundo europeu conquista e coloniza essas novas terras, transferindo para elas sua cultura, mas absorvendo, ao mesmo tempo, a influência das novas culturas, nativas e africanas, com que interage. Portanto, essa herança é mais híbrida, mais complexa e menos monolítica do que pode parecer quando a rotulamos de "cultura ocidental" e a contrastamos com esta outra falsa unidade: o Oriente.

São esses os pressupostos de nosso pensamento atual que o autor nos leva a reconsiderar em sua análise de momentos-chave desse processo.

François Jullien, professor de filosofia na Universidade de Paris e sinólogo que viveu e estudou muitos anos na China, tendo escrito vários livros sobre o pensamento e a cultura chineses, traz essa experiência e esses conhecimentos para uma reflexão sobre as diferenças, as rupturas, os abismos mesmo entre as culturas do Ocidente e as do Oriente, levantando a questão sobre a necessidade e a possibilidade do diálogo entre culturas. Sob que condições esse diálogo, que envolve os paradoxos que acabamos de expor, pode efetivamente se construir para além, por um lado, da pretensão universalizante da cultura ocidental que a tudo parece englobar, e, por outro, do caráter frequentemente autocontido ou autorreferente das culturas orientais? Essa é uma das provocações mais estimulantes do autor neste nosso contexto atual, em suas palavras, de crise das últimas "mitologias do homem".

ADVERTÊNCIA

Sem dúvida, nos mais diversos cantos do mundo, sob as trocas e tráficos de todo tipo, de homens e de bens, e até mesmo sob as guerras e deportações, culturas continuam, em algum lugar – irredutivelmente – a dialogar entre si. De viés, até o limite da extinção, de maneira obstinada: através de empréstimos, contaminações, influências; mas também através de polêmicas, resistências, distorções, dissidências, ou simplesmente vestígios e testemunhos sepultados sob as ruínas e que a História redescobre. Nem por isso a questão explícita de um diálogo entre as culturas deixa de ser espantosamente recente. Pois sem dúvida era preciso, para que fosse colocada, que a inter-relação das culturas mudasse, enfim, bruscamente, de escala e de regime: que, abandonando as simples relações episódicas e de contiguidade, assumisse uma dimensão global e que o inventário cultural de um mundo finito, graças ao trabalho minucioso dos antropólogos, parecesse em vias de se consumar. Era preciso, além disso, que a cultura então dominante durante os últimos séculos – a "ocidental" – visse sua posição soberana em vias de se fissurar e não pudesse mais ser tão peremptória quanto à sua legitimidade de princípio. O que desemboca hoje nessa situação contrastante, e inclusive amplamente contraditória: de um lado, a padronização dos modos de vida, de produção, de consumo e de midiatização ameaça recobrir toda diversidade cultural mundo afora, e isso a ponto de sepultá-la; e, por outro lado, longe de se amenizarem, eis que conflitos de ordem cultural ganham em virulência, pelo aspecto ideológico que adotam atualmente, e tomam o lugar dos imperialismos do passado, fazendo ouvir aqui ou ali sua carga explosiva. De ambos os lados, as condições de um diálogo *inteligente* entre as culturas estão longe de se ver concretizadas.

Ora, por que nos achamos nesse impasse? Por que esse "diálogo", que sabemos indispensável, nos abandona desde o início? Não seria precisamente porque ainda se encontra eivado de boas intenções nos dias de hoje, uma vez que insuficientemente construído, para ser digno de crédito? Quero dizer: provavelmente o caráter por demais *ideologicamente correto*, que é hoje o seu, condene-o ao desinteresse público, a despeito das demonstrações e denegações ostentadas. Da mesma forma, creio que não poderemos sair do humanismo frouxo no qual ele está imerso, mas onde igualmente se dilui, a não ser introduzindo metodicamente arestas para discussão. Eis por que proponho, para lançar a questão, partirmos destes três termos conexos, que formam um triângulo, mas que, com muita frequência, ou confundimos ou mantemos isolados: o universal – o uniforme – o comum. Essas três noções recortam-se, evidentemente, mas a partir de planos diferentes. Assim, na medida em que o discurso ambiente contenta-se em considerá-las equivalentes, ou pelo menos finge isso, ou então segue apenas uma sem ajustá-la às outras, tomarei o partido oposto: sondar sua defasagem e ao mesmo tempo concebê-las relacionalmente, e isso com vistas a erguer sobre esse tripé a mesa dos debates futuros. Portanto, começarei por retomá-las uma a uma, mas para sugerir uma regulagem conjunta a seu respeito. Por outro lado, convém, em primeiro lugar, desbastá-las a fim de encontrar suas formas nítidas sob a sedimentação das aluviões carreadas pela *doxa*. – Com efeito, não devemos temer, para alçar a discussão para fora do patamar da opinião, o gume do conceito.

***

Este estudo é oriundo de uma exposição feita no âmbito do Curso Metódico e Popular de Filosofia, organizado pelo Instituto do Pensamento Contemporâneo da Universidade Paris VII Denis Diderot em colaboração com a Prefeitura de Paris (10 de maio de 2006).

Acredito no uso apropriado dos gêneros. O texto que se segue é do domínio do Discurso ou da Carta, circulando intensamente na acumulação das referências para tornar inteligível a questão colocada. Não convém, efetivamente, avançar com o machado para abrir um caminho no que a imensidão do saber exigido torna inabordável e o regime da opinião mantém opacamente emaranhado?

Já era hora de, atacado por ruidosos defensores de um humanismo frouxo, eu me explicar sobre a questão do universal. Mas não podia fazê-lo senão construindo este triângulo: colocando o universal em tensão tanto com seu avesso, o uniforme, quanto com o que inspira, o comum.

O "diálogo das culturas" não devia ser igualmente retirado desse reino do pensamento fraco?

ITINERÁRIO

1. Crítica das noções – Capítulos I a III

De que noções dispomos para promover conceitualmente, para pensar a relação entre as culturas? Não são todas elas deficientes, e sujeitas à crítica, pelo menos por um lado? Pois até mesmo o *universal*, conceito rigoroso da razão e do âmbito da teoria do conhecimento, não dissimula sua ambiguidade: serve apenas para reconhecer uma totalidade constatada na experiência ou nomeia um dever-ser projetado como *a priori* e estabelecendo uma norma absoluta para toda a humanidade? Tampouco podemos acreditar na transparência dessa noção, ou na neutralidade de seu uso, a partir do momento em que consideramos a história singular, em contradição com sua exigência, da qual ela nasceu em seu conflito encarniçado, renovado a cada etapa da filosofia, com o singular.

Ora, longe de ser sua realização pacificada, o *uniforme* é o duplo pervertido do universal doravante disseminado pela globalização. Saturando o mundo, faz-se passar sub-repticiamente por ele, mas não pode invocar legitimidade: pois ele se autoriza não por uma necessidade, mas como mercadoria; deriva de um interesse não da razão, mas da produção: difundindo indefinidamente o semelhante, faz dele a única paisagem que nos resta e, em virtude disso, dá-lhe crédito. Assim, sua ditadura é tanto mais insidiosa na medida em que é discreta e não se faz notar.

Quanto ao *comum*, é efetivamente o lugar da partilha e, como tal, diretamente político: não invoca um *a priori* hipotético, como o universal, mas aponta o fundo sem fundo no qual nossa experiência se enraíza e que ela mesma contribui para desenvolver. Logo, é indefinidamente extensivo. Nem por isso deixa de correr sempre o risco de se inverter: de inclusivo, tornar-se excludente; em vez de abrir-se para mais participação, desemboca em seu contrário: o "comunitarismo".

II. Genealogia europeia – Capítulos IV a VII

Contudo, seguindo o fio da história, vemos o comum desdobrar-se efetivamente, a partir do advento da Cidade, até encontrar, no seio do cosmopolitismo estoico, a exigência do universal. Este, porém, ao orientar essa extensão do comum, nem por isso tem a unidade que lhe atribuímos. Pois o universal compôs-se de planos diversos no seio da cultura europeia: lógico, com o advento do conceito; jurídico, com a instauração da cidadania romana; religioso, com a dissolução paulina de toda clivagem no amor divino e na economia da salvação.

Ao contrário daquilo pelo qual ele se dá na filosofia, o universal não derivaria então, por sua vez, de um agenciamento compósito, para não dizer caótico? E não extrai seu prestígio, na Europa, precisamente do fato de contribuir para conjugar todo esse heterogêneo, servindo-lhe de pedra angular ideológica?

III. Levantamento e problematização – Capítulos VIII a XI

Daí a necessidade, para a filosofia, de sair finalmente de casa, correndo o risco de ter que mudar de regime, fazer-se exploradora e romper com sua ordem estável das razões. Pois de que vale a noção de universal quando abandonamos o contexto europeu e, em primeiro lugar, ela ainda é entendida? Essa pergunta divide-se, por sua vez, em duas: 1) em que medida as outras culturas desenvolveram essa exigência?; e 2) há noções que sejam desde sempre, isto é, *a priori*, universais? Não estar seguro de poder responder afirmativamente nem de um lado nem de outro obriga a repensar a validade do universal sob um novo aspecto: concebê-lo não mais qual uma totalidade positiva e saturada, mas, ao contrário, como a exigência própria do *negativo* de reabrir toda universalidade fechada e saciada – aquela precisamente de que se prevalece todo universalismo.

Conjuntamente, o *comum* das culturas não poderá mais, doravante, ser entendido nem como síntese, nem como denominador, nem como fundamento, mas como o comum do *inteligível*, em contínuo desdobramento e guiado por esse universal "regulador". Exemplo privilegiado: os direitos humanos. O Ocidente não pode mais pretender exportá-los por seu conteúdo positivo, ensinando arrogantemente aos outros como viver; ao passo que sua vertente negativa, fazendo surgir um *a priori* da recusa diante do que sua falta faz subitamente aparecer de incondicionalmente inaceitável, isto é, independentemente das perspectivas próprias das diversas culturas, vale como um *universalizante* eficaz e que não está desgastado.

IV. Questões e posições – Capítulos XII a XIII

Daí resulta, em primeiro lugar, que o plural das culturas deve ser visado não mais sob o ângulo inventariante da diferença, mas sob aquele exploratório da *defasagem* que põe em tensão, descobre até onde vão os possíveis e revela a diversidade das culturas como uma profusão de *recursos* a explorar. Maneira de estimular a passar de uma estéril defesa da identidade cultural à fecundidade originada de uma resistência à uniformização tal como engendrada pela globalização. Um "diá-logo" das culturas não terá, por sua vez, efetivamente força a não ser fazendo atuar esse *dia* da defasagem e do negativo e, ao mesmo tempo, sabendo situar-se exclusivamente sobre esse plano comum do *inteligível* (*logos*). Pelo dispositivo que assim instaura ao erigir as diversas culturas face a face e sem mais supor universalidade dada previamente, ele produz novas condições para uma *autorreflexão do humano* – o infinito canteiro de obras doravante aberto depois que as últimas mitologias do Homem periclitaram.

1. Do universal

1. Comecemos, portanto, de forma brusca, *aguda*, pelo ângulo mais saliente dos três, no topo do triângulo. Ele assombra com sua injunção até mesmo as discussões e amenizações comuns, pois a justificação por ele invocada é de direito, imperativa e mesmo imperiosa, e não apenas de fato. A despeito de tudo que o enfraquece, com efeito, no seio da linguagem e da verborragia corriqueiras, não vemos como duvidar de sua identidade: o universal declara-se um conceito da razão e, como tal, exige uma necessidade *a priori*, isto é, prévia a toda experiência. Basicamente, assim é ele em seu rigor e assim constitui limiar para ingressarmos na filosofia. O que nos leva imediatamente a distinguir, em face dessa exigência, dois modos, ou melhor, dois níveis de "universalidade". De um lado, uma universalidade fraca, degradada, indolente, limitando-se exclusivamente à experiência e com a qual, para não vir esbarrar no gume do conceito, gostaria de poder se contentar com um uso comum, sem deixar clara sua relação com o outro. Ela significará: constatamos, na medida em que pudemos observar até aqui, que essa coisa sempre se dá de tal forma; ou que todos os casos (de uma mesma classe) acham-se efetivamente concernidos. De outro lado, uma universalidade forte, universalidade estrita ou rigorosa, a concebida pela filosofia, única, a seu ver, legítima: supomos a princípio, antes de qualquer confirmação pela experiência, que determinada coisa *deve* se passar assim. Sem nenhuma exceção possível: afirmamos não apenas que a coisa *acha-se* até o presente sempre de tal forma, mas que *não pode* ser diferente. Os dois termos são recíprocos, com

efeito, e coincidem: apenas juízos efetivamente necessários podem ser estritamente universais (como também apenas juízos estritamente universais podem ser absolutamente necessários).

Qualquer amenização é, antecipadamente, vã: o universal, de saída, impõe essa ruptura e essa absolutização. Ou, para dizer ainda mais claramente – pois essa intransigência da razão é absolutamente inegociável –, bem como para prosseguir segundo os termos kantianos pelos quais começamos: o primeiro desses juízos é apenas extensivo, ao passo que o segundo é imperativo. Aquele, que é apenas de fato e se limita à experiência, não passa de um juízo geral; ao passo que apenas este, de direito, é estritamente "universal" (*allgemein*). Em outras palavras, apenas o que é necessário *a priori* pode ser universal de direito. Ou ainda, o primeiro não é universal senão relativamente ou "comparativamente", ao passo que o segundo o é "absolutamente". A completa extensão deste, com relação à sua condição prefixada, não resulta de forma alguma de uma totalização progressiva, ou sequer de uma constatação indefinidamente repetida, isto é, de uma atribuição jamais refutada; mas sim de uma *prescrição* estabelecida como princípio e tendo valor de lei. No que ela é efetivamente uma pura expressão da Razão, servindo-lhe de exigência.

Tal abordagem, admito, é áspera, fria, não permite mais vacilações e rompe com as suavizações reinantes. Ora, de toda forma, preciso começar por essa escarpa, por instalar-me no topo do penhasco, ali onde a Razão europeia nos empoleirou: sobre essa rocha fundadora da razão, ponto culminante dominando as ondas em seu eterno vaivém – imagem clichê, muito difícil de banir, subjacente à metafísica –, que é o da agitação humana e do devir, do reino da "opinião" e da "experiência". Com efeito, nunca é demais insistir, para começar, no caráter de necessidade lógica, não empírica, não constatada mas *decretada*, em suma, na dissociação deliberada em relação a todo e qualquer dado, nessa súbita guinada de regime do relativo para o absoluto, mediante a qual define-se instantaneamente, na filosofia clássica europeia, o juízo de universalidade. Pois quando, no diálogo entre culturas, debatemos acerca do universal nos dias de hoje, não podemos mais fingir esquecer de que lugar preciso, epistemológica e culturalmente circunscrito, importamos sua exigência: da "evidência" da ciência, seguramente, para a qual apenas é objetivo o conhecimento regido por conceitos do entendimento (deduzidos transcendentalmente: as "categorias"), e que, portanto, é sempre válido necessariamente e para todos, não podendo variar de um caso para o outro, sendo depurado de toda subjetividade e, como tal, universalmente válido (o tipo de conhecimento do qual Kant deduz precisamente as condições de possibilidade em sua *Crítica da razão pura*). Condições que, a bem da verdade, acham-se de tal forma no âmago de nossa formação e assimilamos tão bem e que até mesmo exportamos tão bem para o resto do mundo ("nós", isto é, aqueles que por comodidade de uso denominam-se "ocidentais") que, evocando-as tão sumariamente aqui, já dou a fastidiosa impressão de recitar.

O que é mais ingrato, com efeito, do que começar por retornar a esse catecismo da razão, exceto pelo fato de vermos perfilar-se simultaneamente com mais acuidade a questão, esperada e mesmo inelutável, em torno da qual giram incansavelmente nossos debates: uma universalidade desse tipo, que tem como modelo a demonstração matemática e repousa exclusivamente na ligação formal, necessária, operando-se *a priori* no espírito, independentemente de tudo que possamos aprender por observação ou experiência, mas cuja validação seguramente, quanto à ciência, é incontestável (é de fato ela que, por suas aplicações físicas, mudou em poucos séculos a face de nosso planeta) – será ela tão pertinente quando, deixando de lado o saber que construímos com as coisas, retornamos ao humano? Isto é, quando a ligação em questão não tem mais em vista a verdade objetiva, mas o relacional dos sujeitos. Quando passamos das leis da natureza para os valores; ou das condições de possibilidade da ciência para as da ética e da política. Para resumir, voltando mais precisamente ao que doravante constitui problema: será sob a exigência de tal universalidade de princípio e mediante seu esclarecimento que podemos (devemos) pretender atualmente, entre culturas, *conviver*?

Pois, quando nos referimos, por exemplo, à *Declaração universal dos direitos do homem*, que tem valor de Manifesto sob esse aspecto, vemos claramente que "universal" não pode significar apenas, nesse caso, num sentido fraco, que se estende por toda a superfície da Terra, concernindo, em virtude disso, a todos os homens e todos os países (tal como falamos de "Exposição universal", ou de geografia ou história universais). E isso, ainda que seja verdade que há um século, graças ao desenvolvimento das técnicas, com o fim das grandes explorações e sob o impulso do colonialismo, a história do "mundo finito" começou e o globo é, enfim, percorrido em todos os sentidos: todos os territórios já foram sistematicamente abordados e passados no pente-fino a partir do epicentro europeu e a "família humana" à qual tal *Declaração* se dirige acha-se finalmente completa. Pois aqui "universal" não significa apenas essa extensão máxima, de natureza empírica, em suma, uma planetarização qualquer, mas, decerto, implica uma prescrição. Ou pelo menos a subentende: uma universalidade forte, fundada numa necessidade de princípio, logo, de natureza lógica, justifica sua concepção, ainda que a ambiguidade do texto a esse respeito – a observação foi feita amiúde –[1] não esteja completamente suprimida. Daí o mal-estar. Pois essa *Declaração* carrega consigo, nem que seja pelo que esse "declarar" atribui-se de legitimidade, a invocação de um dever-ser.

2. Kant tinha pelo menos o mérito, por sua vez, de não amenizar a contradição: a exigência de uma universalidade – universalidade no sentido forte: de direito – valerá efetivamente tanto para a moral como para o conhecimento. Sob esse único mandamento, nenhum lugar é deixado para a diversidade das culturas – Kant, a bem da verdade, não se colocando a questão, ou melhor, dela não *suspeitando*. Para ele, um eu (sujeito) cultural não existe, toda conduta humana sendo submetida por princípio à mesma lei, esta por sua vez sendo concebida a partir da universalidade característica das *leis da natureza*, cuja necessidade lógica foi finalmente descoberta pela ciência; daí esse imperativo, por ser universal, só poder ser único (segundo a famosa máxima: "Age unicamente segundo a máxima que faz com que possas querer, ao mesmo tempo, que ela se torne uma lei universal"). Antes de realizar uma ação, "eu", isto é, *todo* sujeito humano, independentemente de qualquer condição, inclusive cultural, não se perguntará senão isto: posso universalizar a máxima desse ato? Para testar sua moralidade, preciso apenas converter mentalmente o princípio que a inspira em "lei universal da natureza" para dela deduzir as consequências.

Ora, este é, efetivamente, o postulado básico que não cessa de habitar, sob a forma de um kantismo mais ou menos larvado, a consciência europeia: em ambos os casos, quer se trate da ação ou do conhecimento, de minha relação com os outros ou do saber dos objetos, apenas uma universalidade estabelecida previamente a toda experiência confere *legitimidade*. Sob essa única exigência da razão, e que inclusive constitui "a razão", vemos dois planos emparelharem-se completamente, ou melhor, um deitou-se sob o outro: a ação *sob* o conhecimento, a conduta *sob* o teórico. Pois a mesma atividade legisladora reina de ambos os lados, daquele da "natureza" ou daquele da "vontade", da "necessidade" ou da "liberdade" – essas categorias valendo simultaneamente para toda a humanidade, Kant não suspeitando, como eu dizia, que fossem do âmbito de uma história singular do pensamento. Com isso sua concepção torna-se invulnerável, desenvolvendo sem titubear, e inclusive como possivelmente jamais se fará de novo, essa exigência única da razão que constitui a razão. A independência será a mesma, com efeito, de ambos os lados, tanto do lado da ação como do lado do conhecimento, uma vez que impõe igualmente um dever-ser a respeito de todo dado encontrado (o mesmo que manifesta, na esfera da moral, a contingência de nossos motivos e de nossas inclinações). E também a mesma "objetividade" de ambos os lados (na moral, pelo abandono do "para nós", sacrificado em prol dos "fins em si" da humanidade). Mesmo caráter "formal", enfim, até na conduta, fruto de pura dedução lógica: como prova, o único "vício" considerado referente à ação e à moral é também esse puro vício *de forma* que é a contradição: a universalização da máxima de meu ato viria contradizer a lei universal da natureza ou, pelo menos, a "essência de meu querer"?

Eis então que, graças a essa radicalização kantiana amenizando sistematicamente a exigência que conduz a ação segundo o modelo conclusivo do conhecimento, a questão do universal, entre culturas, sai de seu nevoeiro ideológico disposta a se iluminar subitamente, admito, de uma palidez lunar. Esse universal transcenderá por princípio toda diferença entre elas, uma vez que se aplica não apenas aos homens, mas igualmente, segundo essa extrapolação inaudita pela qual Kant começou, a todos os seres racionais concebíveis: não apenas no mundo, mas "inclusive em geral fora do mundo".[2] É possível conceber – imaginar – formulação mais hiperbólica em sua extensão, peremptória em sua afirmação? Estendendo ainda mais descomedidamente – abruptamente – a cena original de sua validade? Mas dissipemos a miragem: a forma de razão com a qual se confunde essa exigência de universalidade, e que fundamenta sua postulação, não seria ela produto singular e exclusivo da história intelectual europeia, voltada como esta se acha para a exigência da Verdade, e mesmo talvez por ela obnubilada? E, em primeiro lugar, no próprio seio do pensamento europeu: esse atributo de universalidade, atributo supremo, absolutizado como é, não deveria também ser considerado justamente pelo que é: um puro *atributo* e, como tal, não essencial, mas simplesmente "acidental"? Tanto o termo como a questão se encontram em Aristóteles.

3. Pois, quer nos alcemos da percepção presente à lei física que a explica, quer nos interroguemos sobre a universalização possível da máxima de seu ato, assim como podemos erigi-la em lei natural, a universalidade requerida para alcançar o dever-ser procede sempre dessa operação tão aprimorada pela filosofia – a mesma que a separou para sempre da "sabedoria", engajando-a em singular destino: a "abstração". Logo, é segundo esta última, enquanto definitiva, no próprio seio do pensamento europeu que este deveria ser julgado. Trata-se sempre, para atingir o universal, de começar por se alçar para fora de determinado caso, de ultrapassar os limites de determinada coisa ou de determinada ação, de desabitar o imediato em que estou engajado: este *aqui e agora* que constitui minha adesão. Reconsiderando-a globalmente em sua história, mas também relativamente ao pensamento das outras culturas, vemos que a filosofia europeia deve sua espantosa guinada, ou a oportunidade de seu desenvolvimento, ao fato de se haver retesado entre esses dois polos, dos quais fez seus pontos-limite: o universal, ao erigir sua "lógica", a do *logos*, forja como antípoda o *concreto* inefável (do gozo ou da sensação). Ora, a pergunta é agora inescapável: o pensamento europeu não seria o único a se haver assim desmantelado? O único, por conseguinte, a ver-se precipitado numa história que é justamente aquela, através do desespero e da derrocada, do esforço para sair dessa contradição? Pois, se o universal se dessolidariza do "aqui" e do "agora", estes se revelam igualmente, ao se inverterem, de tanto indicar outros determinados lugares e outros determinados momentos, os termos mais universais, mas, em virtude disso, os mais abstratos, e portanto também os mais vazios possíveis, já observava Hegel ao termo dessa invenção da Razão. No limiar de sua *Fenomenologia*, mas "fenomenologia" exclusiva do "espírito" europeu – ainda precisamos enfatizar? –, já que sonhando precisamente em alcançar, por superação dialética e completo desenvolvimento do *logos*, a reconciliação dos dois, do "universal" e do "concreto", esta sendo esperada como a salvação para, finalmente, encerrar o drama.

Há de fato drama europeu do pensamento, uma vez que o universal tem como oposto, no seio do "concreto", figuras que nada ficam a lhe dever em matéria de exigência: o *individual* ou o *singular*; logo, também é a partir desse contrário que convém interrogá-lo. Primeira cena da filosofia: na medida em que o pensamento europeu articulou-se no verbo "Ser", a questão que ele não cessou de desenvolver como alternativa, em seu período antigo e medieval, não podia senão levar a indagar, de um ou de outro, do universal *ou* do individual, qual deles "é" efetivamente. Velho debate jamais encerrado – ou impossível de ser encerrado? –: esses universais abstratos que a razão elabora existem realmente no mundo (e não apenas no espírito: a posição "realista") ou não passam de entidades nominais, ao passo que apenas o indivíduo existe (posição do "nominalismo")? Debate aberto a partir do divórcio consumado por Aristóteles em relação ao platonismo, mas acerca do qual pudemos mostrar quanto, para além dos slogans redutores, sua história não cessou de passar por reconfigurações diversas, das quais nenhuma é definitiva:[3] essa interrogação, que nos parece impor-se, seria então insolúvel à primeira vista? Os pensamentos de outras culturas não nos ensinaram, ao passarem *à margem*, que, retraída nessa escolha do Ser, tal interrogação só se justifica na mesma medida que esta?

Ou ainda, ao conquistar, heroicamente, todos os seus predicados clássicos (predicados conexos: o formal, o necessário, o objetivo etc.), o universal não podia deixar de se deparar em seu caminho, na filosofia moderna – ou antes sua antifilosofia, entre Nietzsche e Kierkegaard, esta tampouco pensando o ser das coisas conjuntamente com a ordem do mundo, mas antes a intransigência e a incomensurabilidade do Sujeito –, com a resistência de uma nova figura: o subjetivo da *singularidade pura*. Ora, não estaria aí, mais uma vez, uma nova linha de fratura – ou sulco infinitamente fecundo – exclusiva do pensamento europeu, que encontra aí efetivamente com que promover sua "modernidade"? Pois ser "indivíduo", em toda a medida do possível, contrariando todos os universalismos gregários que levaram ao niilismo, torna-se o último e grande desafio. A fidelidade a seu apelo é a única exigência; pois é nesse único singular que a verdade humana tem seu ponto de contato. A universalização desponta, sob esse aspecto, como a grande facilidade-artificialidade. A exigência que ela impõe é uma violência perpetrada contra a *existência*, sendo, portanto, contra o que o pensamento deve revoltar-se. "Ele foi o Indivíduo", pedia Kierkegaard em seu túmulo.

Esse reviramento é um aspecto banal a ser considerado, desgastado decerto, e fastidioso de repetir, mas sempre nos agarra – seremos capazes de nos livrarmos dele? –: por ambição ideal (da razão), eis que o universal se vê acusado de fraude (com relação à experiência), em outras palavras, de traição (com relação à exigência mesma de verdade). De uma época para outra, a cena do processo foi alterada, mas não é de hoje que paira sobre ele a suspeita de hegemonismo, até mesmo de fazer reinar um terror oculto, tanto mais perigoso na medida em que se apresenta impecavelmente "puro" e tem a seu favor a lógica. Se, por um lado, seu conceito é claro, efetivamente, porque engendrado segundo as exigências da razão, por outro seu status continua no mínimo ambíguo e ameaçado de ilusão: logo, quem ainda pode acreditar na transparência do universal, ou até mesmo que ele seja um instrumento neutro? Ou se, no plano erigido pelo discurso, *logos*, em que ele se mostra tão à vontade, uma vez que é o seu, ele se desfizesse sem grandes danos, isto é, hegelianamente, de seus adversários (o impensável Concreto, a Singularidade muda, a Intuição evasiva etc.) e se prevalecesse de conduzir diretamente ao Absoluto, talvez fosse porque operasse *solto*, imaginamos, sem mais nada que o amparasse. E, em primeiro lugar, esse universal exprime-se com a mesma facilidade – universalmente – em todas as línguas? Não podemos deixar de nos perguntar, hoje, quando começamos a aprender as que não são da Europa; e descobrimos melhor, graças a isso (que nem Kant nem Hegel consideravam), que pensamos *em língua*.

Daí essa terceira cena, atual, de rebelião contra ele, com a defesa da singularidade, não mais da Substância (como na Antiguidade), ou do Sujeito (como na filosofia moderna), mas do Outro das outras culturas (na época "pós-moderna", da qual este é um dos argumentos). Uma vez que é fácil constatar que as outras culturas passaram longe de abordá-lo, que até mesmo, muitas vezes, não o nomearam. Sua rebelião a esse respeito, com efeito, não pode então exprimir-se a não ser precisamente nesse termo europeu que se impôs a elas e que elas foram obrigadas a traduzir: logo, mais uma vez pela boca do outro, logo, sempre traindo-se. Nem por isso, doravante, ela deixa de emitir seu rumor assim que nos referimos a ele, aquilo de que o efeito de ambiência não poderia escapar: esse universal (*universal*) não consagraria realmente a supremacia exclusiva, hoje vacilante e ainda mais inabordável, da razão ocidental e, sob ela, o imperialismo de uma civilização? Não seria ele, em virtude disso, doravante, um slogan como outro qualquer? Esse debate, que julgaríamos cedo esgotado, não faz, creio, senão começar. Mas, antes de nele ingressarmos, precisamos retornar, para embasá-lo, àquilo que convém efetivamente denominar a *ramificação* grega do pensamento e, mais precisamente, a dependência que o universal mantém em relação ao conceito: o universal e o absoluto que o habita seriam tão pouco dissociáveis, com efeito, da própria escolha da filosofia? Ora, esta iria se revelar, em contradição com a exigência universal que a produziu, uma aventura tão somente *singular* do pensamento.

II. Do uniforme

1. Há, certamente, alguma audácia em pretender atacar dessa forma essas noções – de frente, de maneira sumária. Mas elas não tardarão a se esclarecer graças às tensões por elas mesmas organizadas. Entre o universal e o uniforme: o mundo parece hoje confundi-los. Pois tudo sugeriria que o uniforme serve apenas para duplicar o universal e reforçá-lo; que ele se contenta em prolongar seus efeitos e torná-los manifestos. Ora, ao contrário disso, penso que ele é o seu oposto; e que essa oposição, na época da globalização, torna-se crucial. – Com efeito, retomemos essas noções em seu princípio. Enquanto o universal é "voltado" para o Um – *uni-versus* – e traduz uma aspiração a seu respeito, o uniforme não é, desse um, senão uma repetição estéril. A bem da verdade, a própria natureza desse "um", sem fazer alarde, descambou completamente de um para o outro: este não é mais o Um eminente, transcendente (plotiniano), no qual o espírito se converte para sair da dispersão do diverso (do *di-versus*); mas o um reduzido, completamente amortecido, árido, da regularidade conformista e da série. Em vez de fazer convergir idealmente (verticalmente) para o absoluto de um princípio, ele já não passa do retorno indefinido do mesmo e se espalha com tanto mais facilidade – prolificamente –, na medida em que, ao contrário do outro, não tem nenhuma preocupação com seu fundamento. Ora, isso tem consequências nos dias de hoje: eis que o universal inverte-se, sob nossos olhos, em comodidade do uniforme; até mesmo ao fazer-se passar por outro este é secretamente sua perversão.

Eis por que separamos abertamente os dois: não é porque, graças aos meios técnicos e midiáticos, a uniformidade dos modos de vida, dos discursos e das opiniões tende doravante a recobrir o planeta de uma ponta à outra que estes são universais. Ainda que se encontrassem absolutamente em toda parte, a ponto de saturar tudo, faltar-lhes-ia sempre um dever-ser. Com efeito, essa disjunção de planos opera-se previamente do universal ao uniforme. Poderíamos resumir assim a oposição entre eles: o uniforme é um conceito não da razão, mas da produção – este é o padrão ou o estereótipo. Deriva não de uma necessidade, mas de uma mercadoria: é menos oneroso, porque produzido em cadeia. Seu único mérito é aumentar a produção e a facilidade. Mesmo no caso mais favorável, o de uma uniformização das medidas, dos códigos, das jurisdições, é exclusivamente o princípio de funcionalidade que prevalece nele. Aliás, ele não tem sequer certeza de que a igualdade que nasceria de tal uniformização, por exemplo no domínio do direito ou da educação, não passaria de um encobrimento artificial. Dito de outra forma, a única racionalidade que podemos creditar ao uniforme é principalmente econômica e de gestão; ele repousa na imitação; não é, diferentemente do universal, da ordem do lógico e do prescritivo.

Enquanto, desgarrando-se da experiência para recorrer ao dever-ser, o universal suscita ostensivamente a rebelião, a da singularidade do "Isto" que aqui está, ou do Sujeito individual, ou do Outro inalienável, o uniforme, em contrapartida, pandêmico como é, contenta-se em debelar toda resistência a seu respeito e se funda na paisagem; ele é produzido pelo *habitus*; apenas sua frequência parece autorizá-lo. Sua potência, em outras palavras, é simplesmente cumulativa: quanto mais ele se expande, mais se impõe, quanto mais se impõe etc. Considerado enquanto tal, por conseguinte, isto é, justamente enquanto relação indefinida do semelhante, ele não poderia provar nem sequer encontrar pertinência em si, logo, tampouco precisa legitimar-se; nada se agarra nele ou sequer se faz notar. Esse "semelhante" sobre o qual ele se apoia, aliás, detendo-se igualmente tão pouco sobre ele, também revela que ele é um conceito pobre, transferindo para o outro sua justificação, e que, por conseguinte, tampouco fundamenta alguma coisa: conceito superficial, uma vez que puramente aspectual. Contenta-se em devolver a imagem e não tem sequer o rigor totalizante do genérico. Até mesmo o famoso "amai seus semelhantes" não significa nada.

2. Portanto, é antes no avesso do uniforme que descobriremos o recurso. Assim como o universal tem como oposto o individual ou o singular, o uniforme tem como oposto o *diferente*. Ora, dos dois, da semelhança ou da diferença, é esta o conceito motor e fecundo por seu negativo. Pois, enquanto o uniforme, por suas regularidades, ameniza, *adormece*, a ponto de fazer perder a consciência da coisa, a diferença cria a tensão, faz ressaltar, promove, faz trabalhar. O *dis* (ou *dia*-) inicial exprime a distância que "porta" e, justamente por isso, o que, em virtude dessa distância, "importa" (*diapherei*, em grego: "é importante"). Ora, no plano do conhecimento, que para os gregos coincide com o da definição, *logos*, é pelo enunciado da diferença, nos diz Aristóteles, que respondemos ao "o que é?". Pois é procedendo de diferença em diferença, e isso até a última diferença, que finalmente alcançamos a realidade adequada, que é a do ser completamente especificado, individualizado graças à sua "forma" discriminante, que constitui sua essência, comandando sua "matéria" genérica (*Metafísica*, Z, 12).

Ou, quando nos afastamos de um pensamento definidor do Ser para pensar a lógica dos processos, a diferença continua como o elemento lógico. Seja entendida como diferença em relação ao outro ou a si, ela é o ponto de partida requerido para qualquer desabrochar, é de fato ela que *promove*. Pois é apenas (nos) diferenciando que nos tornamos. Através dela, em seu *dia*, inaugura-se a dialética: essa diferença, que julgaríamos puramente negativa pela ruptura e "desigualdade" que inaugura, *Ungleichheit*, revela-se a condição indispensável de todo autodesenvolvimento (elevando assim, em termos hegelianos, a "substância" a "sujeito", Prefácio da *Fenomenologia*, §3). Ora, quando, contra as uniformizações ambientes, invocamos hoje o direito à diferença, segundo um slogan eloquente de nossa época (ou, quanto a mim, prefiro dizer, justificarei adiante: o direito à *defasagem*), creio que bebemos também, sem talvez nos darmos conta disso, nessa fonte. Pois não nos contentamos em entender por isso, o que não levaria senão a reivindicações puramente identitárias, um direito, essencialmente conservador, de se distinguir dos outros e de escapar ao nivelamento normativo (por exemplo, em relação ao direito das outras culturas e de qualquer minoria); mas subentendemos também, de maneira mais essencial, a exigência, para todos, de poder ter uma história própria que, por diferenciação e superação contínuas, nos instaure a todos igualmente como *sujeitos* possíveis, como sujeitos *culturais*, carregando em nós mesmos a oportunidade dessa autopromoção e de um futuro inventivo.

Ora, embora saibamos muito bem – mas de um saber mudo – que a uniformização assumiu importância cada vez maior com a globalização, talvez não avaliemos suficientemente que ela se acha subitamente alçada por esta a um plano completamente diferente, sendo objeto de uma nova qualificação. Pois a globalização é precisamente o que, levando a uniformização à sua maior extensão, doravante definitiva, a do conjunto do globo, a faz passar sub-repticiamente e sem aviso prévio, como eu disse, mediante essa consumação da barreira, pelo universal. Estendendo completamente a semelhança, isto é, à escala do conjunto planetário, ela dá-lhe crédito definitivo, sem mais nada aliás, uma vez que não existe aliás, que possa contradizê-la sequer ligeiramente. Exceto a título residual. A generalidade promove uma falsa necessidade. Pois agora estamos longe da uniformização exclusiva na produção tendo em vista economia e produtividade; o que conta, acima de tudo, no futuro, é que, expandindo não mais apenas de maneira extensiva, mas efetivamente por toda parte, um tipo único, ela erradique antecipadamente qualquer outra possibilidade. Esta, falando propriamente, não tem mais razão de ser; o uniforme impõe seus padrões como a única paisagem imaginável, e sem sequer parecer impô-los. Daí sua ditadura discreta.

Nos quatro cantos do mundo, encontraremos inevitavelmente as mesmas vitrines, os mesmos hotéis, as mesmas chaves, os mesmos clichês, os mesmos cartazes de bem-estar e consumo. Fechado finalmente sobre si mesmo, o todo (planetário) só faz refletir-se: *auto*rreflexo que constitui doravante fantasisticamente o mundo sob o império da Similitude (e da superficialidade). Pois se ditadura há, é porque tal uniformização não se limita aos bens materiais, invadindo o imaginário. Mediante uma operação editorial bem-sucedida, *Harry Potter* ou *O código Da Vinci* (ou qualquer outro produto do mesmo gênero) formata identicamente os sonhos de adolescentes do mundo inteiro. Com suas exportações maciças de programas de um país a outro, a televisão faz seu massacre. Com a ressalva de que aquilo que, em território remoto, ainda escapa a essa uniformidade será considerado atrasado; ou então, por deslizamento do caduco para a conservação, será estocado, com papel-celofane e conscienciosamente protegido a título de tradição "autêntica" no grande folclore das nações. Pior: o cúmulo da uniformização é quando se acrescenta ao padrão uma variação de superfície, obrigatoriamente *kitsch*, para impingir a diferença promissora de futuro e de descoberta. No topo dos arranha-céus de Pequim, tentam fazer telhados curvos, enfatizando as telhas envernizadas, para conferir, *apesar de tudo*, um aspecto chinês. Forma de acrescentar, a baixo custo, uma pitada de exotismo e simular a oportunidade de uma originalidade: salvaguardar o mito – a humanidade apega-se a ele, por qual atavismo? – de uma aventura e da viagem.

3. Ora, vejo o pensamento curiosamente pobre nos dias de hoje frente ao reinado do uniforme, que, em virtude de ter atingido agora os limites do planeta, consolida sua lei – lei da força oculta e não do direito; e que, para além do sentimento de perda, nostalgicamente sentido mas culpando-se a si próprio por não saber adequar-se às novas dimensões das coisas, esse chafurdar coletivo no uniforme não é efetivamente criticado: que sua *pseudouniversalidade* não é claramente analisada. Ora, é justamente nisso, todavia, que o almejado diálogo entre culturas encontra seu principal obstáculo; como também sua maior utilidade. Pois, ao tomar a uniformização ambiente pelo universal, perdemos ao mesmo tempo o que constitui a ajuda – que não seja apenas preservadora ou museológica – da diversidade das culturas; bem como o plano – que não seja apenas de imitação ou de assimilação – no qual elas poderiam se encontrar.

Falta-nos, portanto, esse *plano*, nos dois sentidos do termo, ao mesmo tempo como plano ou mesa de trabalho, a ser extraído da ideologia reinante, onde poder operar; e como tipo de perspectiva e representação, a partir do qual uma resistência à uniformização engajada é passível de consideração. Talvez ainda não possamos concebê-lo senão analogicamente, voltando-nos para aquelas velhas artes e velhos saberes, sepultados em nossos dias, por exemplo da retórica e da teodiceia. Discursos aparentemente obsoletos, mas que todavia sabiam oportunamente inscrever a diferença no âmago de sua tarefa, diante do risco de uniformidade. Contra esta (*monoeideia*, já diziam os gregos), geradora de uma tensão demasiado igual e, por conseguinte, entediante, "monótona" (*monotonia*), a retórica recomendou a *varietas* de tom, de estilo e de dicção, a uma só vez (Cícero, *Orator*, 106-8; Quintiliano, *De institutione oratoria*, XI, 3). Ou naquela velha prosopopeia que vai, sem descontinuidade, dos estoicos aos padres da Igreja e ainda encontra lugar na filosofia clássica, quando esta pretendeu justificar Deus por sua Criação, tendo que desculpá-lo pelo mal que vemos por toda parte imiscuir-se nela, e se contentou em mostrar que Deus não podia compor seu mundo senão com a diferença – se o quisesse belo; que efetivamente sombras deviam misturar-se ao quadro (para fazer ressaltar suas cores), caso contrário, não teria havido senão repleção por reprodução do semelhante, reprodução estéril, até a saturação, "preenchimento" (*sumpleroris*), e não "mundo", *kosmos*. Os defeitos, as imperfeições, os dilaceramentos, as violências, os sofrimentos, em suma, todo esse negativo em geral, introduziam necessariamente, isto é, logicamente, um "sortimento", *poikilia*, salvador de intensidade e de sedução. Sem isso, não haveria mais senão fastio. Difíceis descrições do paraíso a partir do momento em que, homogeneizando-se no bem, tudo viesse a se parecer... O mundo é mais perfeito, conclui lucidamente Descartes (*Meditações*, IV), porque eu mesmo sou imperfeito.

III. Do comum

1. Na outra ponta do triângulo está o comum, conceito que não é lógico (ou derivado da razão) como o universal, tampouco econômico (ou derivado da produção) como o uniforme, mas que, em sua essência, é político: o comum é aquilo de que temos parte ou tomamos parte, que é partilhado e do qual participamos. Eis por que é um conceito originalmente "político": o que se partilha é o que nos faz pertencer à mesma Cidade, *pólis*. É sobre essa noção de comum que se inicia então legitimamente a *Política* de Aristóteles: "Vemos que toda *pólis* é uma espécie de comunidade" (*koinonia*). Comunidade que, em seu princípio, é extensiva, e isto em duas dimensões: na proporção ao mesmo tempo do que nela se partilha e daqueles que dela participam. Ela começa a dois, entre o homem e a mulher, ou o senhor e o escravo, desdobra-se no nível da casa, depois da aldeia, depois da Cidade, para a qual tendem todas as demais formas de comunidade e que é, tanto para Aristóteles como para todos os gregos do período clássico, o estágio último e perfeito.

Da mesma forma que a noção de semelhante é pobre, como vimos, porque puramente aspectual e atendo-se apenas à aparência, não tendo mais espessura que um reflexo, a de comum consiste num conceito forte sobre o qual podemos nos apoiar: ela acena para esse fundo, jamais completamente delimitável, fundo sem fundo, onde haurimos coletivamente, sem sequer poder avaliá-lo, e cujos recursos exploramos sem descontinuidade. Comunidade de vida ou de trabalho ou de preocupação ou de cuidado ou de interesse. Encontramos em Braque esta observação lacônica que já diz muito sobre a distância, ou melhor, o conflito que opõe essas duas noções e que, à primeira vista, poderíamos ser tentados a considerar equivalentes (aprecio particularmente essas reflexões de pintores que, desconfiando dos exageros do teórico, com uma pincelada apontam a coisa: pintar torna suspeitas as frases e vai direto ao fato): "O comum é verdadeiro, o semelhante é falso. Trouillebert se parece com Corot, mas eles não têm nada em comum."[1] Trouillebert, dizem os *marchands* de quadros, é o Corot dos pobres. Suas folhagens *se parecem* de fato com as de Corot (tons pastel como no início do outono, carvalhos ou álamos gráceis à beira de trilhas abertas etc.), mas *não têm nada* da atmosfera que conduz à nostalgia, nervaliana, que constitui a essência das *Recordações de Mortefontaine*, ou das paisagens do Morvan. Elas são exageradamente pintalgadas sobre troncos eles próprios exageradamente desenhados – que constituem postes. Ou creio que poderíamos também tomar como divisa, que não vale apenas para os pintores, sua outra formulação, que leva tanto à ruptura entre eles como a seu alvo: "Buscar o comum que não seja o semelhante."[2]

Se agora, voltando-nos para o outro lado, perante o universal, avaliarmos igualmente a distância em jogo, veremos esta aumentar não mais em valor (profundidade), mas pela perspectiva adotada: enquanto o universal é *decretado* (no modo do "é imperioso", como uma lei necessária oriunda da razão), ou melhor, *pré-ditado*, a montante de toda experiência, o comum, por sua vez, quer seja reconhecido ou escolhido, enraíza-se, ao contrário, dentro da experiência; ao mesmo tempo aprofunda-se nela e a enriquece (no estágio mais intenso é o comum amoroso). Já me acho aprisionado no comum (pela minha natureza) e fundo também deliberadamente o comum (na Cidade). O que ele contém de prévio deve-se a seu caráter originário ou essencial (seu paradigma é a família), mas não necessário, e isso também porque esse conceito é político: eu decido assumir as relações de vínculo que reconheço em mim, ou investir em novas (o político sendo efetivamente esse lugar da decisão negociada). É inclusive pelos níveis sucessivos de comunidade nos quais tenho – ou tomo – parte que posso definir as diversas esferas de minha existência. Assim, ao passo que o universal leva desde sempre a extensão que é a sua à sua consumação, num modo categórico (absoluto), apoderando-se da totalidade concernida como de um dever-ser que não pode sofrer exceção, o comum, em contrapartida, é legítimo em sua progressão. Sua extensão é gradual: tenho algo em comum com os da minha cidade; numa outra escala, com meus compatriotas; ou, mais amplamente, no estágio da comunidade europeia ou da comunidade ou "família" humana; até mesmo, ainda mais amplamente, com todos os seres racionais, incluindo os deuses (no cosmo-politismo estoico). Ou, de maneira não mais progressiva, mas regressiva (indo do político para o biológico): tenho algo em comum com os animais (a faculdade de sentir), mais amplamente com as plantas e com tudo o que vive (a alma "nutritiva" de Aristóteles) etc. Com esses diversos estágios de comunidade graduando assim minha existência, esta se expande, e expande-se por participação, de uma ponta da escala à outra, do patrimônio genético ao ente querido.

2. Mas não existiria um ponto-limite em que o comum viria coincidir logicamente com o universal: quando o comum é comum a todos (os membros de uma mesma classe) e o pertencimento genérico é, dessa forma, universal para todos os elementos concernidos? Exemplo: todos os corpos têm em comum ser extensos, essa propriedade é um atributo universal seu. O que se verifica do próprio ponto de vista do conhecimento: a apreensão do comum não é precisamente o que permite elevar-se à universalidade do conceito? Ora, justamente, mesmo aqueles que, na tradição de Aristóteles, desejaram aproximar os dois termos nem por isso deixaram (na esteira de Alexandre de Afrodísias e segundo a análise de Alain de Libera) de distinguir entre esses dois níveis opostos: *de abstração* do universal (como ser de pensamento) de um lado, e, de outro, *de instanciação* do comum, como existência consumada no âmbito dos particulares (*instantiated*, dizem os ingleses; a ser tomado aqui literalmente no sentido do "que se mantém dentro"; "subjetado" ou "hipostasiado", segundo os termos da escolástica). Com efeito, esse *distinguo* merece ser arrancado do esquecimento, sepultado que se acha na escolástica, para pensar a relação dos dois: de um lado, o *universal* genérico, engendrado por abstração a partir dos indivíduos e vinculando-se, com isso, do exterior à sua natureza, permanece para eles um atributo puramente "acidental"; de outro, em contrapartida, essa natureza é por si comum a partir do momento em que é realizada numa "matéria" que é a do indivíduo singular, quando justamente ela não existiria senão nele. Mesmo quando as duas extensões categoriais recortam-se completamente, subsiste uma diferença essencial de ponto de vista: a vinculação ao comum é realizada *na coisa* (*in re*), ao passo que a abstração do universal lhe é "ulterior" (*post rem*). Por conseguinte, não poderemos associar as duas noções sem construir entre elas uma eclusa que reduza a ruptura entre seu nível de "ser", abstrato ou instanciado; ou sem construir entre elas alguma ponte ligando os territórios, que continuam a ser os da prescrição lógica, de um lado, da constatação ou da decisão, do outro.

Ora, se nos reportarmos, por exemplo, à *Declaração* "universal" dos direitos do homem, colocando ao mesmo tempo, em seu preâmbulo, "como o ideal comum a ser alcançado por todos os homens", veremos que o hiato permanece incólume, não mediado, entre um e outro: entre a abstração da *prescrição* universal, de um lado, e o comum da *participação*, de outro (ou, reportando-nos às modalidades de ser que acabo de evocar, entre o nível de *abstração* da primeira e de *instanciação* da segunda). Daí a ambiguidade que observamos a seu respeito. Ou como podemos abordar, sempre nesse preâmbulo e sem mais articulação exclusivamente de transição, o "respeito universal" a esses direitos e em seguida, logo depois, a importância de sua "concepção comum"? (Pois, por que esses direitos, se são universais, reivindicam, além disso, uma concepção comum?) Até mesmo a associação – recorrente nesse texto e formando noção – do "universal" e do "efetivo" não deixa de colocar problema: "efetivo" viria completar aqui (radicalizando-o) ou compensar (salvando-o do idealismo) o predicado de universalidade estabelecido como princípio? Poderíamos julgar essa questão de lógica indiferente ao destino dos homens. Ora, eu pensaria antes que é por não ter sabido esclarecer essas diversas relações que uma *Declaração* desse tipo é levada a descambar num formalismo ainda menos convincente, em definitivo, porque menos rigoroso, que o formalismo kantiano tão frequentemente alvo de suspeitas. A propósito, constatamos que, por querer comentá-la e justificá-la sem passar por esses *distinguos* necessários, muitas formulações atualmente tropeçam no tom bemol, de concessão, que acrescentam ilogicamente ao decreto de universalidade: esses direitos humanos, dizem-nos, "quase mais ninguém" ousa abertamente recusá-los; eles gozam de um reconhecimento "quase universal"[3] etc.

Pois o universal não tolera tais aproximações nem suporta ser assim amputado: ele é ou não é, uma vez que não poderia renunciar a seu status absoluto (de direito). Mas nada por outro lado seria mais mal recebido do que considerar o comum uma universalidade de menor teor ou menos exigente, ou impor-lhe o papel de muleta do universal, a pretexto de que ele se ancora e se verifica na existência (que ele existe, segundo os termos exigidos, não "em pensamento", mas "instanciado"). Pois o comum também tem sua idealidade, idealidade própria, singular, aquela precisamente, do âmbito da experiência, de poder aumentar tanto em extensão quanto em intensidade. Assim, quando vemos hoje a ênfase passar de um polo a outro, do universal para o comum (comprova isso, por exemplo, o manifesto da sra. Delmas-Marty por um "direito" comum),[4] trata-se, de fato, sob a capa de explicitação, de um deslizamento significativo que exige análise: sob a inflexão discretamente operada é todo o horizonte que se altera.

Pois essa inflexão não significa, como julgaríamos ingenuamente, que nos tornamos mais realistas (menos utopistas), mas sim que o ponto de vista foi deslocado: da moral para a política ou, para retomar os termos precedentes, do ponto de vista da *prescrição* (decretação) para o da *participação*; que o dever-ser, por conseguinte, é menos considerado como previamente estabelecido do que como passível de instrução e conquista. Assim, quando nos empenhamos em observar como um fato decisivo, até mesmo conclusivo, o de que na reunião de Viena, em 1993, foram 180 Estados a reafirmar essa *Declaração universal* que em 1948 não fora assinada por sequer um terço dentre eles,[5] isso traduz, creio, que o comum prevaleceu sobre o universal no campo de nossa atenção (ou o ponto de vista da extensão progressiva sobre o da totalização de princípio, ou da adesão sobre o da decretação etc.). Ou talvez ele tenha assumido seu lugar: com a vacilação do universal, o comum é o que legitimamente o substituiria.

3. Aliás, podemos perder parte do senso do comum e de seus recursos se nos limitarmos exclusivamente ao termo grego (*koinos*). O latim diz *com-munis* e, ao fazê-lo, enriquece o comum com outra dimensão: não designa apenas por seu prefixo (*cum*: "com") o que se partilha e se explora em conjunto, como também sugere, na raiz da palavra, o que seria ao mesmo tempo do âmbito da doação e da obrigação (*munus*). O que é propício para explorar por outro viés o que constitui a idealidade singular do *com-mun*: como nos lembra muito a propósito Roberto Esposito, o *munus* é um dom, mas marcado pelo caráter de reciprocidade que permanece implícito (segundo sua raiz indo-europeia, que denota "troca");[6] o que prevaleceria então em *munus* é a reversibilidade do dom. O termo latino acenaria mais diretamente para esse fundo enigmático que eu evocava no início, fundo sem fundo, onde percebemos que toda comunidade bebe desde que renunciemos a concebê-la como mera

propriedade suplementar, ou o simples produto, dos sujeitos que ela reúne, um e outro permanecendo-lhes exteriores. É *com-munis*, literalmente, aquele que compartilha uma responsabilidade (uma tarefa, uma função); ou aquele que supostamente exerce um ofício (o *immunis* é dispensado dele).

Ora, essas considerações são importantes se quisermos pensar a natureza política do comum e arrancá-lo de sua ambiguidade. Pois se o comum é o que partilho com alguns, é também, em virtude disso, seguindo essa linha de partilha, mas que vale também como demarcação, o que exclui todos os outros. Ou, se o comum tem como oposto não mais o individual ou o singular (opostos ao universal), ou tampouco o diferente (oposto ao uniforme), mas sim o *próprio* ou o *particular*, vemos também que esse "próprio", adverso, nem por isso deixa de ameaçar absorvê-lo; e, por conseguinte, de abalar completamente seu ideal. Isso desde que essa comunidade da partilha julgue possuir propriamente seus atributos partilhados; desde que aquilo que abria seus membros uns para os outros feche-se em propriedade comum. Desenhando um lado de dentro, ela ejeta-se. Comum, portanto, é um termo de dupla face: é ao mesmo tempo inclusivo-exclusivo. Pode também abrir e fechar, opor-se ao próprio e identificar-se com ele. A seu espaço expansivo corresponde um avesso defensivo. De um lado, com efeito, ele conclama à participação e é extensivo: assegura a "comunicação" através das diferenças e não cessa de unir numa mesma circulação. Esse é o comum *aberto*, por exemplo, do "senso comum". Mas, de outro lado, esse comum pode igualmente, fechando-se em suas fronteiras, dispor seus limites na forma de gumes, suas cercas na forma de muralhas. Rechaça então para o vazio – para fora de sua plenitude – aqueles que dela não participam; literalmente, *ex-comunga*. Essa é a inversão característica de todos os "comunitarismos". Vemos incessantemente sua manifestação política, ou melhor, antipolítica (porque opondo-se à partilha), nas sociedades contemporâneas.

Ora, afortunadamente, resgatar o comum por meio de sua raiz, a partir do *munus*, da responsabilidade, do dom-dever, da obrigação, cria uma barragem a essa ambivalência: ao supor assim algo de vazio ou de defectivo na relação de troca que nos liga aos outros, conjuramos ao mesmo tempo a tentação de considerar essa partilha da comunidade um privilégio exclusivo, positivo, rejeitando sua deficiência. Se a comunidade se concebe sob o signo do *munus*, da dívida e do dom, a relação de pertencimento à qual se fiaria de bom grado o sentimento comunitário, e que o ampara, vê-se saudavelmente invertida e dependente. Toda uma corrente do pensamento contemporâneo enveredou por essa brecha (sem dúvida inspirada em Mauss e repercutindo em suas franjas ecos da fenomenologia: Derrida, Nancy, Marion, Esposito...): querendo fundar a comunidade de outra forma que não segundo as categorias lógicas que seriam diretamente referenciadas ao político, julgando-as doravante inaptas, recorreu precisamente ao argumento dessa reciprocidade originária da dívida e do dom para desfazer a imagem de sujeitos *plenos*, de que a comunidade seria apenas a excrescência. Em vez de tais sujeitos viverem os atributos comunitários como uma propriedade, passam a ser vistos como expropriando-os de si mesmos: a partir do *munus* que funda sua relação, a comunidade é que literalmente os *des-municia*. Não extrairão mais dela, portanto, um princípio de identificação qualquer; e, em virtude disso, vê-se barrado o caminho do retraimento identitário no qual o comunitário está sempre ameaçado de se enclausurar. A filosofia já o justificou amplamente: a comunidade tem como vocação não se cerrar, mas se descerrar. Ora, a própria história do comum, no seio da transformação política da Grécia antiga, já ia nesse sentido.

IV. Do advento da Cidade à extensão cosmopolítica do comum

1. Que o comum seja de natureza "política", lê-se no advento da Cidade, *pólis*. É através desta, desde a época arcaica, que o pensamento do comum vem à luz e pouco a pouco se define. Ao mesmo tempo, o comum é a essência da *pólis* grega, e a *pólis* identifica-se com o pensamento do comum. Do que podemos seguir a genealogia remontando, aquém dela, aos relatos de Homero. Por ocasião da assembleia dos guerreiros, como mostrou Marcel Detienne,[1] esse comum inscreve-se no espaço assumindo a forma de um "justo centro"; a igual distância dos participantes: começa assim a instaurar-se, para além das distinções de status, uma relação recíproca e reversível entre eles. Seja por ocasião da partilha do butim ou da entrega dos prêmios durante os jogos funerários, levar "ao centro" (*es meson*), em vez de entregar em mãos, já assume um caráter de pré-instituição, ao desprivatizar as relações e despersonalizar as posições. Da mesma forma, para quem quiser dirigir-se à assembleia, é de rigor e obrigatório ter que se dirigir ao centro, significando com isso que o assunto a ser tratado é de todos. Assim, dos guerreiros que imaginamos sentados em círculo para dividirem entre si mulheres, armas, butim, à formação da ágora no centro da *pólis*, inaugurando um espaço público e fundando a fala numa relação de igualdade (a *isegoria*), o elo é perceptível e descarta qualquer grande ruptura histórica – "milagre" grego – da qual teria se originado a razão clássica. Pois, separando-se pouco a pouco do dizer ambíguo do adivinho, do mago, do poeta, do Mestre de verdade pronunciando seus decretos, do ser excepcional de poderes mirí-

ficos, emana um verbo novo, do mágico ao lógico, que, partilhado, torna-se apanágio de todos: enunciando-se "no centro", defende igualmente o pró e o contra, recorre à aprovação, estabelece suas razões, abre para a discussão e separa, assim, o coletivo do privado; extrai dos interesses particulares a primazia do comum.

Não vejo porta de entrada mais cômoda para a ideia do comum, fruto da partilha, senão acompanhá-la se desenvolvendo a partir da e na história; pois ela progride efetivamente sob o impulso desta. Do grupo de guerreiros ao povo da *pólis*, do *laos* ao *demos*, já vemos o comum propagar-se e atormentar as jurisdições nascentes na Grécia pré-clássica, ao mesmo tempo em que se metamorfoseia a conduta da guerra (que, rompendo com os combates singulares, entre bravos, do tempo de Homero, aprimora a falange como instrumento de democratização militar). Paralelamente, a ideia não mais apenas de um lugar, mas de um bem comum (*xunon agathon*), transcendendo os interesses particulares, começa a se refletir. É consolidada a oposição diametral dos dois – o "comum"/o "particular" – e sobre ela enxerta-se um juízo de valor; mais que isso, é dela que decorre o valor supremo: ao elevar-se à altura do todo, o *comum* começa a levar a ideia da partilha ao nível de absolutização de um princípio.

Pois a coisa não para nessas constatações de experiência: seja porque "as remunerações parecem mais baixas" (Demócrito, fr.279); ou porque, no sentido inverso, "a miséria sofrida em comum é mais difícil de suportar" ("do que a miséria dos particulares, pois a esperança de ajuda mútua desaparece", fr.287). Convém ainda citar esse pensamento de Demócrito na íntegra, pois ele funda explicitamente sobre o comum o ideal da *pólis* grega: "Convém atribuir, quanto ao resto, suma importância às questões da *pólis*, a fim de que ela seja bem governada, e renunciar às querelas contrárias à equidade, assim como à tentação de se arrogar um poder que se oponha ao interesse do comum. Pois uma *pólis* bem governada é o caminho mais justo: é nisso que tudo repousa; sua saúde constitui a saúde do todo, e sua ruína, a ruína do todo" (fr.252).

Uma vez que é apenas no nível do comum (*to tou xunou*), fundador da cidade, que se decide a sorte dos particulares, a boa administração política se resumirá, logicamente, aos olhos dos gregos – e como se não tivessem que hesitar quanto a essa natureza do político –, na supremacia daqueles sobre os interesses destes. As teorias de Platão e Aristóteles não farão em seguida senão desenvolver esta concepção: que elas instaurem o poder de um único, ou de um pequeno número, ou da maioria, as boas constituições não têm outro critério a não ser o interesse comum; e as constituições desviantes, exclusivamente o benefício particular (Aristóteles, *Política*, III, 7).

2. De fato, incumbia à filosofia, assumindo a custódia desse destino comum ao âmago da *pólis* grega, fazer duas coisas (a filosofia nessa época já se encontra em seu papel de pensamento-que-acorda-tarde e vem depois). De um lado, estender sua exigência visando a uma comunidade maior que a do grupo, do clã, do território e mesmo da *pólis*, e, por conseguinte, desenvolver a ideia da partilha para além mesmo do político. Mas em que outro plano estabelecer este último? Do outro lado e paralelamente, fundar como valor o reino e estatuto do comum triunfante do particular. Esse é o duplo movimento que vemos consumar-se magnificamente em Heráclito. O comum extrai dele as limitações de pertencimento e torna-se comum a todos ao fundar uma comunidade de espírito. Não consideremos então esses pensamentos como banais, mas os leiamos na força de sua emergência e da imensidão que eles abrem. "Pensar é comum a todos" (Heráclito, *Fragmentos*, Diels-Kranz, fr.113; ou "É partilhado por todos os homens conhecerem-se a si mesmos e bem pensar", fr.116). O comum, para os homens, é, em seu fundo, o da inteligência, já dizia Heráclito. Acima de tudo, esse comum é rigorosamente concebido como o ponto ou o meio geométrico onde vêm se abolir as oposições (por exemplo: "Coisa comum são o começo e o fim sobre a linha do círculo", fr.103). Ele é o lugar onde o um se abre completamente para o outro, onde na unidade cedem as fronteiras, onde se descerram os antagonismos, onde se reabsorvem as parcialidades: onde se encontra suprimida a contradição. Esse comum da des-exclusão, definitivamente, não é outra coisa senão o próprio divino (segundo a fórmula suprema que associa sem a menor mediação os contrários: "Deus é dia-noite, guerra-paz, inverno-verão, saciedade-fome", fr.67).

Essa outra fórmula é radiante por sua confiança no que, "discurso", está em potência então de vir a ser a razão, *logos*: "Enquanto o *logos* é comum, os numerosos vivem considerando o pensamento uma coisa particular" (fr.2). Estes acreditam comunicarem-se entre si repetindo as palavras aprendidas, que não cessam de serem transmitidas, mas todos permanecem, contudo, confortavelmente protegidos desse apelo da fala – por sua exigência: permanecendo à parte no fluxo de seu pensamento vago e sem fazer o esforço de sondar o comum que essas palavras engajam (o mito moderno da Comunicação ainda não repousa amplamente sobre esse embuste, que mantém a passividade e sonolência do espírito pela ilusão de uma partilha contínua e estendendo-se a todos os quadrantes?). Pois, com isso, "vivem" eles efetivamente, esses "numerosos"? Na verdade, ainda "dormem". Heráclito diz isso com tanto mais força na medida em que sua idade não deixou separarem-se completamente um do outro o concreto e o simbólico: é preciso *acordar*, ele nos diz, para se elevar ao comum. Por exemplo: "Há para os acordados um mundo único e comum, mas cada um dos que dormem desvia-se para um mundo particular" (fr.89). Durante a noite, é fácil constatar, cada um retira-se para um mundo à parte, seu mundo, o de seus fantasmas e seus códigos singulares; os mundos noturnos são fechados, não se dividem. Dormir, em outros termos, é renunciar à transparência do comum: é retirar-se na densidade opaca de sua vida pessoal, encerrar-se exclusivamente nas regulações silenciosas até ser absorvido por elas, cortar as pontes e promover secessão no pensamento. Dormir é afundar-se em seu "idiotismo". Ora, frente a essa noite-refúgio, noite que mergulha no seio do particular como se no Érebo, o comum é *acesso*, e, primordialmente, ao comum da fala partilhada; eis por que requer "acordar" (cf. também: "Não convém agir e falar como sonâmbulo", fr.73).

É apenas pela e na unidade do comum, em outras palavras, que se pensa e constrói *o* mundo (o único, o efetivo, livre das nebulosas do pensamento vago). Daí essa fórmula ancorando definitivamente o político na filosofia; ou o comum da *pólis* no comum percebido pelo espírito; ou ainda o que se torna a lei dos homens na Lei das coisas. Pois um e outro são capturados num mesmo dinamismo, um plano puro de especulação ainda não isolado, em Heráclito, a ponto de permitir dissociar em dois blocos, que formarão os dois tomos da filosofia, o conhecimento e a ação. Ainda estamos aí no estágio do pensamento unitário, condensado em sua emergência, confiante em sua fonte, descobrindo seu poder e ainda sem duvidar dele, onde a efetividade é integral e não se deixa dispersar em setores diversos e rivais: é apenas constituindo um fundo a partir do comum, nos diz Heráclito, explorando seu recurso, que podemos, num mesmo gesto, *com-preender* o mundo, isto é, apreendê-lo em suas correlações que o fazem advir e fazer *co-habitar* os homens entre si. Só podemos extrair "força", definitivamente, do comum, quer se trate de pensar ou governar; ambos consistem apenas em sua ativação. Por exemplo: "Os que falam com inteligência extraem sua força, necessariamente, do que é comum a tudo, como a *pólis* da lei, e com muito mais intensidade" (fr.114).

3. Contudo, será preciso muito mais tempo – toda a lentidão e violência da História – para que tal acesso ao que se impõe à vigilância do espírito como a necessidade de um *mundo comum* (*kōinos kosmos*) venha se traduzir em termos sociais e políticos. Se o comum desenvolveu-se a partir e sob o impulso da História, também encontra nela resistência infinita. É o mesmo que dizer que, se extraem diretamente "inteligência" do comum como de sua fonte única, como afirma Heráclito, as leis humanas não poderiam sair tão levianamente das circunscrições que as encerram quanto a lei das coisas percebidas pela razão: a forma de exclusão que o comum carrega em seu avesso retira-se com muito mais dificuldade, evidentemente, quando descemos da ordem do *logos* à da *pólis*. Foi precisamente esse divórcio que tensionou a História, tal como ela nos aparece hoje retrospectivamente, e a faz avançar (na falta de encontrar-lhe um Sentido, indelevelmente messiânico): o comum do *logos* emergindo do comum político serve, em contrapartida, de ideal ou de horizonte enquanto ideia reguladora àquele moldado na matéria social. E não estaríamos atualmente neste momento preciso, em que tal divórcio mal começa a deixar entrever sua possível assimilação? Tal seria pelo menos o lado benéfico da globalização diante do risco de uniformidade.

Com efeito, quem não sabe que a *pólis* grega, ainda na época clássica, rechaça para fora de si tudo – até mais – do que reúne? Ela une os cidadãos pela partilha dos direitos cívicos e das responsabilidades, mas priva destes todos os outros (mulheres, estrangeiros, metecos, escravos). Tales é testemunha. E em geral é reconhecido como o primeiro a ter abertamente orientado o pensamento grego para o saber racional pensando um princípio único e comum para todas as coisas: a água. Seria também o primeiro a despertar para a compreensão do comum. Por outro lado, dizem que emitiu a seguinte fórmula altamente segregadora (outros chegam a atribuí-la a Sócrates): "Ele gostava de dizer que agradecia à fortuna por três coisas: ser um humano e não um animal, ser um homem e não uma mulher, enfim, ser um grego e não um bárbaro" (em Diógenes Laércio).

Platão é dúbio a esse respeito: é decerto o primeiro a se aproximar de uma concepção – trabalhando em sentido inverso – do "gênero humano"; mas vemos também essa função de exclusão do comum, longe de se abstrair, redobrar em sua Cidade. Esta é a ambiguidade do comum: quanto mais o intensificamos, mais ele é exclusivo (prova disso é o amor). Assim, é não apenas no âmbito restrito da *pólis*, mas também no limite de uma classe especial (os "guardiães"), isolando-se ostensivamente dos outros e depurando-se esmeradamente em relação a elas, que Platão empreende a radicalização do comum mediante medidas políticas. Num perímetro tão exíguo, este pode estender-se então a tudo e a todos (Platão, *República*, V). Essa absolutização do comum entra a serviço do que se torna o Estado: ter tudo em comum (não ter mais nada de próprio) é a condição única para salvá-lo da corrupção que o ameaça intrinsecamente com um recuo para o particular. Cedendo assim à fascinação do comum, até mesmo tentando pela primeira vez, pelo menos de maneira sistemática, a eliminação do próprio sob a figura do privado, Sócrates (em Platão) propõe estender a posse comum não apenas a todos os bens, mas também às mulheres e às crianças, e até mesmo aos sentimentos, desenhando, com uma pincelada, o horizonte de todo o "comunismo". Único marco encontrado nessa comunização: o corpo. Sócrates está diante desse limite. Podemos partilhar tudo: casas, mulheres, crianças e até mesmo os sentimentos, comungar na alegria e na dor, mas o corpo, por sua vez, permanece inexoravelmente na ordem do próprio ou do particular. O que é do âmbito do corpo, admite Sócrates, não se partilha; o corpo é a cerca intransponível do privado (ou então convém instaurar outro plano diferente do político, místico: assim, durante a partilha do Corpo de Cristo, a "comunhão").

É muito mais timidamente, em contrapartida, que o grego visa transbordar o âmbito de sua *pólis*: ele estende o comum aos "outros", os que não são concidadãos ou são estrangeiros. Na Grécia clássica, onde a fronteira entre grego e bárbaro ainda está longe de desaparecer, é apenas "entre nós", entre gregos, porque estes são de uma mesma origem, que se pode falar, não verdadeiramente de guerra, mas tão somente da "discórdia" (*stasis*; *República*, 470b-d).

A superação dos pertencimentos étnicos, para além dos mundos fechados da *pólis*, ainda não se perfila, por sua vez, no remoto da utopia: enquanto os filósofos não forem reis, ou os reis, filósofos, "não haverá, meu caro Glauco, trégua para os males que desolam a *pólis*, nem mesmo, creio, para os do gênero humano" (*República*, 473d). Por mais modestamente, portanto, que a noção de "gênero humano" faça aqui sua entrada – por amplificação, em fim de frase, numa ultrapassagem do limite –, eis que a condição estabelecida a seu respeito, e vista de imediato como ridícula, nem por isso deixa de causar efeito: pois é apenas à luz desse novo poder, ainda não advindo e inclusive considerado quimérico, o do rei-filósofo, sob a iluminação do *logos*, isto é, de uma política tornada finalmente racional, que pode ser esboçada a ideia de comunidade de todos os homens. O que, sem dúvida, merece ser generalizado e vale para a sequência: a extensão política do comum e o recuo de seu caráter excludente vão de par com a afirmação de um racionalismo. Ou, dito às avessas: foi sempre bebendo nas fontes de um antirracionalismo que os particularismos, os comunitarismos e a segregação foram defendidos.

4. Lentamente, o limite é transposto, e essa ultrapassagem, num mundo onde as fronteiras caem, é para nós instrutivo em tempos de globalização. Pois convém esperar, nos gregos, o abalo da ordem inerente à *pólis* empoleirada sobre relatos de fundação, seu mito de autoctonia, seus deuses e suas leis, para que a ideia do comum ganhe uma nova extensão, trazida pelo estoicismo. Na Grécia de depois das conquistas de Alexandre, a *pólis* perde sua autonomia, sendo sobrepujada por vastos impérios. Em Chipre, por exemplo, onde nasce, no início do século III antes de nossa era, o estoico Crisipo, o poder, sob a influência dos grandes reinos rivais, não para de passar de uma dominação a outra, entre macedônios, sírios ou egípcios: sob essa mudança contínua dos senhores, o apego a

uma só pátria tornou-se impossível; todo exclusivismo político se desfaz. Assim, ao passo que antes do estoicismo eles eram considerados inseparáveis de certas formas sociais e políticas, a Cidade, a *pólis*, exercendo o papel ao mesmo tempo de Estado e sociedade, eis que a justiça e o direito são julgados doravante aptos a governar as relações entre todos os homens, num mesmo plano de igualdade moral, independentemente, por conseguinte, de seu pertencimento particular e do âmbito da Cidade.

Antes mesmo do desabrochar do estoicismo, como lhe perguntavam de onde ele era, Diógenes, o Cínico, respondeu: "Sou cidadão do mundo", *kosmopolites eimi*. Assim é posta entre parênteses a referência a alguma origem ou lugar preciso qualquer; e a cidadania vê-se promovida na escala do mundo inteiro. Onde estaria efetivamente em casa, sugere Diógenes, se não for em todo o Universo? Qualquer outra qualificação é demasiado estreita e constrangeria exageradamente sua humanidade. Como não convém entretanto ouvir nada, sob essa expressão, de algo que evocaria alguma entidade política, como um império de Alexandre estendido a seus mais remotos limites, a ideia de "mundo", *kosmos*, assume aqui uma significação essencialmente moral e quer dizer que esse conjunto do mundo é ordenado: que um princípio único e divino, propriamente racional, *logos*, atravessa-o de um lado a outro, estendendo-se não apenas a todos os homens, mas igualmente à raça dos deuses, formando juntos a "grande família" das criaturas racionais. Todo grau inferior apaga-se, toda dependência intermediária é abolida, diante dessa norma exclusiva que assimila a natureza à razão e segundo a qual todos os homens devem governar suas vidas. O comum do mundo é o comum da razão partilhada. "A natureza do homem é tal que existe um direito natural entre o homem e o gênero humano ... no mundo ou na Cidade comum", *in urbe mundove communi*, lemos em Cícero resumindo esse ideal (*De finibus*, III, 20, 67); ou ainda, o mundo, *kosmos*, é "a pátria comum de todos os homens", *koine patris*, lemos em Estobeu (*Florilégio*, 40, 9).[2]

Por pertencer de pleno direito a esse mundo comum, concebido em escala "cósmica", aquele do qual as cidades particulares não passam no máximo, dizem, de casas, tenhamos nascido gregos ou bárbaros, advindos de raça real ou de condição servil – basta "ser homem". No que o estoicismo ultrapassa, em nome do comum, todas as categorizações e localizações intermediárias, equaliza os níveis e as condições, faz abstração das épocas. A transformação é portentosa comparada ao período precedente, em que o homem se originava numa raça, num clã, num território. "O mundo é o único parente comum a todos", sejam esses homens considerados "alforriados, escravos ou homens originários de outros lugares" (Sêneca, *De beneficiis*, III, 28). Como nada do que é humano, com efeito, segundo a fórmula que se tornaria famosa e constituiria máxima, deve ser visto como "estrangeiro", todos os homens descobrem-se concidadãos do mundo, ligados entre si por uma comunidade de destino que é a de perfazer seu único pertencimento efetivamente justificado, o que os liga à natureza (cf. Cícero: a única "sociedade" fundamentada na razão é a do "gênero humano", que está acima de tudo "conforme à natureza", *De officiis*, V, 21). Da mesma forma, quando se volta para a Cidade, particular como ela é, o estoico julga-a em nome dessa ordem do mundo considerada em seu conjunto, segundo a lei de Zeus, em escala global: ele pode relativizar sem dificuldade sua constituição e suas leis e considera sua particularidade arbitrária e convencional; no mínimo, suspender essa cidadania de nascença em vista de sua cidadania mundial.

Entretanto, para além dessas posições de princípio, os estoicos não conceberam – deduzimos isso, sem dificuldade, de seu sistema, apesar de seus textos se haverem perdido – nenhuma constituição de tipo cosmopolita, esboçando juridicamente essa cidadania mundial, a exemplo das constituições cujo projeto para a Cidade havia sido estabelecido por Platão e Aristóteles. Esse ir além dos âmbitos políticos consolidados permanece neles de natureza essencialmente moral, não encontrando tradução institucional e política. Apesar de num pensador estoico do fim da Antiguidade e, como se não bastasse, imperador (Marco Aurélio, IV, 4), todos os homens supostamente fazerem parte de um mesmo corpo cívico e "o próprio mundo [ser] portanto como uma Cidade", essa autoridade da lei não resulta, em virtude disso, do Estado, mas exclusivamente da razão; e esse pensamento de um órgão político comum, *politeuma*, permanece definitivamente abstrato. Durante tantos séculos, o cosmopolitismo desenvolveu seu ideal de sabedoria sem tocar na soberania dos Estados. A ponto de instituições políticas que transgredissem as soberanias particulares e fossem comuns ao mundo inteiro surgirem apenas recentemente, no desfecho de guerras efetivamente "mundiais", e permanecerem uma tarefa espantosamente nova de nossa época.

Pelo menos seria essa a versão otimista da história contemporânea. Pois podemos perguntar se não é antes o inverso que, de fato, opera-se por baixo: se esse humanismo cosmopolítico que, por sua utopia, não cessou de atormentar até aqui a consciência europeia, como prolongamento do estoicismo antigo, não está precisamente em vias de terminar de morrer sob nossos olhos. A globalização que atualmente põe fim globalmente à humanidade na relação consigo mesma e a unifica efetivamente não se operaria sob a pressão de fatores bem diferentes dos valores morais e culturais de virtude emancipadora? Daí o fato de ela escapar completamente a essa aspiração universalista e ao mesmo tempo torná-la obsoleta.[3]

V. O outro plano: o universal, categoria lógica da filosofia

1. Em face dessa extensão política do comum, estendendo-se por séculos, em ligação estreita com o advento e depois o declínio da Cidade, fica claro que o universal tem outra origem – e outro teor. Este procede de outra fonte, que, nos gregos, é a interna ao discurso, *logos*, fundador do "lógico". Enquanto o comum vem à luz bem lentamente, através dos desdobramentos e das violências da História, o universal estende-se de imediato sobre o plano operatório do conhecimento. Seu engendramento é como um relâmpago na história do pensamento: como Atenas da cabeça de Zeus, não demora a brotar, todo armado, da cabeça da filosofia. Heráclito, meditando o *logos*, já nos põe tanto em seu caminho como em sua órbita: "São sábios apenas os que escutaram não a mim, mas ao discurso" ("os que concordam que tudo é um"), diz ele, impossível ser mais lacônico (*Fragmentos*, Diels-Kranz, fr.50). *Não a mim*, mas ao *discurso*... Que, quando eu falo (como filósofo), não seja mais eu que você escute, mas o próprio discurso, exprime a condição de partida da filosofia. Joga-se aí, com efeito, nessa dissociação solenemente proclamada, um acontecimento primordial: o pensamento corta ostensivamente as pontes com o *individual* de um sujeito. Para pretender à verdade, o discurso-razão isola-se como instância autônoma ostentando sua separação em relação ao "eu" que o exprime. E deve valer igualmente para todos, logo, deve manter-se equidistante de cada um, inclusive de seu autor: completamente indiferente, um gelo, por assim dizer, a respeito de sua própria origem, rompendo asceticamente com seu enraizamento íntimo:

filosofar – não estaríamos esquecidos disso nos dias de hoje? – não é falar de si.

Ora, essa condição de possibilidade da verdade, à qual, como Orfeu, é proibido voltar-se, mas que assimilamos graças ao sucesso comprovado da ciência, é hora de nos desabituarmos a ela – ainda que por um instante – para avaliarmos ponderadamente sua hipótese. Para sopesar igualmente sua hipoteca sobre o pensamento. Considerando-a com relação a outras culturas que a ignoraram, sondá-la em sua emergência, cuja exigência nada mais tem, portanto, de uma necessidade (opondo-se ao famoso "desenvolvimento necessário" do espírito humano). Na medida em que esse gesto de secessão, alçando o *logos* a poder autônomo, possui rigor, mas também estranheza e, por conseguinte, inventividade. O *logos*, para ser convincente, deve ser objeto de uma *homo-logia*, diz aqui o grego de Heráclito explicitando sua vocação. Exige literalmente ser "homo-logado": o *logos* exige não apenas ser sempre reconhecido como o "mesmo" (*homos*), não variando, mas também que todos concordem da "mesma" forma a seu respeito. Que seja ao mesmo tempo "de sempre" (fr.1: "desse discurso que é de sempre", *aei on*, pelo menos se cortarmos a frase dessa maneira) e que não possa sofrer exceção. Mesmo se ainda não a define como tal, "tudo é um" é uma verdade universal aos olhos de Heráclito. Por conseguinte, esta instaura um modelo de enunciado para a filosofia: de discurso que antes se precipitava presunçosamente para captar o "todo", torna-se – Heráclito faz a passagem nesse ponto – aquilo que capta "segundo o todo": isto é, de maneira universal, ou seja, também conceitualmente (*kat-holu*).

Pois não podemos explicar por que o universal adquiriu esse status hegemônico no pensamento europeu – correndo o risco de suscitar contra si, intermitentemente, de maneira reativa, a revolta do individual exigindo ser único (como substância – como sujeito – como outro) – se não começamos por compreender como essa promoção do universal, como exigência da razão, foi de par com sua elevação a conceito, como ferramenta da filosofia. Ou então um não acompanha o outro, mas trata-se da mesma operação – da qual nasce prontamente, como "por milagre", a filosofia: o status do universal é incluído na produção mesma do conceito. É ao mesmo tempo sua condição e sua consequência: o universal dá sua forma "lógica" (de *logos*) ao conceito, e este estabiliza o universal e torna-o operatório para o conhecimento. Eles se entendem numa mesma abstração. Da mesma forma, por via de consequência, e dito às avessas: se outras culturas não colocaram o problema do universal, é precisamente porque elas não erigiram – separaram –, como fizeram os gregos, um plano do conceito em que apenas o saber verdadeiro seria adquirido.

2. "Sócrates", por tê-lo feito, desempenha um papel primordial (no que é definitivamente Pai da filosofia). Ele é o primeiro, nos diz Aristóteles, a "buscar", em suas reflexões sobre a ética, "segundo o todo", e conjuntamente, "fixar o pensamento nas definições" (*Metafísica*, A, 6, M, 4). "Segundo o todo" (*kat-holu*) será a maneira grega de exprimir o universal; quanto às "definições", são efetivamente aquilo que visara Sócrates para fazer o espírito por indução passar (*epagogê*), a partir da diversidade dos exemplos e dos fenômenos, à unidade do conceito (bem como dos diversos exemplos de coragem, ou das diversas manifestações de beleza ao que são a Coragem ou a Beleza, em si ou em sua essência, isto é, segundo sua definição e recobrindo todos os casos possíveis). Assim, a contribuição de Sócrates, nas palavras desse primeiro historiador da filosofia que é Aristóteles, reside claramente na mutação operada concernente à preocupação com o "todo" (*holon*): Sócrates não se preocupa mais com o "todo" da natureza, como fizeram seus predecessores, os *physiologói*, que serão denominados precisamente em função dessa ruptura como os "pré-socráticos", mas, procurando "segundo o todo" (*kat-holu*), ele faz do "todo" uma exigência doravante formal

(ou lógica). Filosofar não será mais inquirir *sobre* o todo do mundo, tomado como objeto, nem sequer sobre o princípio desse todo, mas pensar "conforme o todo", no modo do todo. O que significa no modo da universalidade, isto é, conceitualmente.

A originalidade geralmente atribuída a Sócrates, referente ao deslocamento que ele opera no pensamento, de um domínio para o outro, e que é, com efeito, o mais visível (ter passado das questões físicas às questões morais), deve, portanto, ser compreendida no mesmo sentido. O espírito conheceria aí seu primeiro desencantamento? Não tendo mais a pressa juvenil, ou a esperança ingênua, ou a ilusão salutar, de pôr diretamente a mão, de uma tacada só, sobre o todo das coisas, como fizeram com tanta audácia os primeiros pensadores, Sócrates faz doravante do "todo" não mais uma determinada "coisa" (a água, o ar, o infinito etc.), mas uma *regra*. Não podendo mais instanciá-lo nas coisas, revira-o sobre o discurso. Faz dele uma condição interna: como regra que ao mesmo tempo fixa sua validade (universal) e constitui sua operatividade (conceitual). Ao fazê-lo, aprendendo a pensar "segundo o todo", ou universalmente, Sócrates faz esquecer o sonho de dizer em uma palavra a verdade total e forma (força) o pensamento no duro caminho de seu rigor.

Os gregos extraíram uma concepção primordial que não será mais questionada: a elevação do pensamento confunde-se com o acesso à universalidade. Reside nisso, inclusive, o gesto inaugural da filosofia (descrito por Aristóteles na abertura de sua *Metafísica*, A, 1): no começo (no estágio inferior) reside a sensação, que sempre é individual (do reino do *hekaston*), do âmbito do aqui e agora. Aristóteles lança isso como uma evidência, mas arrasta dessa forma o pensamento europeu a um impasse do qual não se recuperará: "Não consideramos em geral nenhuma de nossas sensações (*aisthesis*) como sendo sabedoria" (ou "ciência", *sophia*). A *sophia*, em outras palavras, consiste em abandonar o singular da sensação, achando-se o saber definitivamente afastado do sabor das coisas. *Sabor* e *saber* são efetivamente opostos, como o são o individual e o universal. Pois o sabor é precisamente o gozo inesgotável do individual contra o saber orientado pelo universal: o "saborear" escava esse individual para que dele emane a unidade passageira infinita, ao passo que o saber constrói-se asceticamente sobre sua renúncia a esta. Eis por que, pressentindo em si seu outro irredutível, mais tenaz, ele evitou erigi-lo em noção rival, abrindo outro caminho, e corre para desviar-se dele.

Pois de que é feita a "experiência", segundo Aristóteles? Não do mergulho na singularidade presente da sensação vivida como inesgotável, mas sim da superposição dessas sensações múltiplas sedimentadas na memória, por conseguinte de seu recorte, logo, já de uma *identidade* subtraída do diverso. O domínio da "arte" e do "saber", enfim, só será atingido quando, coroando essa lógica, "de uma profusão de noções experimentais, deduzir-se um único juízo universal, aplicável a todos os casos semelhantes" (a *hypolepsis* é o juízo que possui esse caráter de universalidade). Com efeito, "formar o juízo de que determinado remédio aliviou Cálias, acometido por determinada doença, depois Sócrates, depois vários outros tomados individualmente, é função da experiência". Mas julgar que determinado remédio alivia "todos os indivíduos de determinada compleição, entrando nos limites de uma classe determinada, acometidos por determinada doença", dá acesso, pelo fato de ser a classe inteira que por princípio é concernida, à universalidade de um saber que tampouco é empírico, mas "teórico".

É verdade que Aristóteles reconhece de bom grado que esse saber empírico pode, de um ponto de vista prático, prevalecer sobre o saber que não seja senão nocional e derivado do *logos*, a razão disso sendo efetivamente que o primeiro é um conhecimento do individual e o segundo, do universal (ora, de fato, constata racionalmente Aristóteles, é sempre de um indivíduo que cuidamos: de determinado homem, Cálias ou Sócrates, e não do homem em geral). Isso não impede que, quanto à qualidade do saber considerado, o do universal, ao permitir que saia da simples constatação para estabelecer sua causa, prevaleça definitivamente sobre o outro. Não haveria nisso uma contradição? Não, pelo menos considerando que, mediante esse primado atribuído à universalidade, a Grécia fez efetivamente a escolha pelo abstrato e pelo especulativo desligados da prática e valorizados em relação a ela (mesmo no pragmático Aristóteles). A fórmula é de conclusão: "O conhecimento de todas as coisas pertence necessariamente àquele que possui no mais alto grau a ciência do universal, pois ele conhece, de uma certa maneira, todos os casos" (*Metafísica*, A, 1).

3. Daí resultam duas consequências que atuam no sentido inverso e que estabelecem para o pensamento europeu, doravante, a condição problemática da universalização. De um lado, a universalidade é própria da ciência e vai de par com o caráter necessário de seu enunciado. A ciência, com efeito, observa Aristóteles, não se distingue da opinião pelo caráter verdadeiro ou falso de suas afirmações, uma vez que também existem opiniões verdadeiras e que o objeto de ambas pode ser o mesmo, mas pelo caráter de necessidade que se vincula às proposições que a primeira enuncia: a opinião aborda de maneira contingente (o que pode ser diferentemente do que é) o que a ciência aborda como não podendo ser de outra forma. Pois é apenas sobre o que não pode ser de outra forma que pode haver definição e demonstração (e se a ciência explorasse o contingente, torná-lo-ia imediatamente necessário). Daí decorre que o saber inaugural, fundador, é o dos *axiomas*, uma vez que estes abraçam *a priori* a universalidade dos seres e não determinado gênero particular, excluindo outros. Ao enunciar uma verdade universal e necessária, os axiomas não pertencem apenas a todos os entes particulares, sem exceção alguma, remontando à relação que o Ser mantém consigo mesmo, como Ser "enquanto ser", no sentido absoluto (esta é a universalidade exemplar do princípio de não contradição, a jusante de todos eles, porque "incondicionada",

e que não passa da formulação negativa do princípio de identidade para o fundamento do Ser, cf. Aristóteles, *Metafísica*, G, 3). Essa universalidade absoluta dos axiomas deve-se, em definitivo, a que eles não passam de uma análise da ideia de "ser": a universalidade do lógico remonta então, no seio do pensamento grego, ao estágio do ontológico. Daí a questão que não podemos, *logicamente*, deixar de colocar: o que advirá de sua necessária exigência em pensamentos que não pensaram, como os gregos, segundo a *dobra* do Ser (que, portanto, tampouco cogitaram saber a partir de axiomas)?

Portanto, eis já estabelecido, no pensamento grego, o caráter *prescritivo* do universal fundante, para além de uma banal generalidade constatada, o dever-ser da definição e da ciência e que vimos Kant transpor, tal qual, do conhecimento à legalidade da moral. Retorna dessa forma, com força e mais precisa, assumindo nesse ínterim uma densidade cultural, a questão que se colocava no início: não é também esse caráter que vemos, se não habitar, pelo menos assombrar a idealidade dos princípios que hoje estabelecemos como universais? A questão, *via* Aristóteles, pode ser considerada agora um passo adiante e até mesmo nos levar à beira do penhasco, diante do abismo; torna-se inquietante a ponto de não mais nos largar. Pois precisamos, efetivamente, levar em conta também essa outra consequência que opera em sentido contrário e que vemos afirmar-se paralelamente desde Aristóteles: ao mesmo tempo em que não há ciência ou *logos* senão do universal, o *logos* tendo se tornado o discurso da ciência, é apenas o individual, ao contrário, que *existe efetivamente*: este homem ou esta árvore, sob meus olhos, este ou o "isto" (*todi*; cf. *Metafísica*, Z, 12-15). É este homem aqui que está sob meus cuidados e não o homem em geral. Eis o dilema (e o trauma) no qual se vê aprisionado o pensamento europeu a partir do momento em que, com Aristóteles, ele desistiu de estabelecer demasiado comodamente um plano das Ideias separado do sensível e da opinião, sobre o qual empoleirar o universal e onde encontraria refúgio o Ser verdadeiro.[1]

"A existência é feita dos individuais, ao passo que a ciência incide sobre os universais" (*Existentia est singularium, scientia est de universalibus*), disseram desde então os medievais, a título de adágio, constatando a contradição. De um lado, aquilo de que é composta a própria existência, ou o que constitui sua realidade íntima, a título de singularidades diversas; de outro, "a respeito daquilo" sobre o qual apenas, à distância (*de*: a relação é externa), a ciência incide. Que fosso se vê assim escavado, impossível de transpor, entre os dois? Pois, de um lado, isso agora está provado, "é apenas do universal e da forma que há definição" (*Metafísica*, Z, 11), logo, que há ciência. Porém, ao mesmo tempo, apenas o indivíduo é real, apenas ele é a essência (pelo menos como essência fundamental): Sócrates, ou Cálias, este determinado homem. Em contrapartida, "o homem em geral, o cavalo em geral, e outros termos desse gênero, que são afirmados por uma multiplicidade de indivíduos, a título de predicado universal, não são uma substância" (mas, esclarece tecnicamente Aristóteles, "um composto determinado de certa forma e de certa matéria tomada ela mesma universalmente", *Metafísica*, Z, 10). O "homem" como conceito, pensado no modo do universal, não passa de um atributo genérico, conferido a partir de fora (abstratamente) e só existindo a título "acidental" em vista desse determinado homem. A questão assim colocada abre efetivamente um abismo no pensamento europeu e, em certo momento, formou seu destino. Para nós, ela se torna, por aplicação: quando tratamos, por exemplo, dos "direitos do homem", declarando-os universais, é ainda dessa universalização abstrata que dependemos?

VI. Primeiro encontro do universal e do comum: a cidadania romana estende-se ao Império

1. Diante dessa herança grega, bem como das separações que ela instaura e das exclusões que abandona, o que trouxe Roma? Precisamente, em geral Roma goza do crédito de ter feito advir no seio do "concreto", o da História e das instituições, essa exigência de universalidade que define a filosofia. Mas como entendê-la corretamente se não quisermos nos contentar em jogar demasiado complacentemente com essas binaridades simplistas que fazem a história das civilizações assemelhar-se, vista de longe, com acoplamentos antecipadamente previstos (os gregos/os romanos, o abstrato/o concreto etc.)? O que, em outras palavras, para além do desenvolvimento por que passa o cosmopolitismo no médio estoicismo (em Panécio, Posidônio e, na esteira deles, Cícero), o período romano acrescenta a essa questão do universal bloqueada em sua contradição com o singular? Não é isso que justamente começa a abrir uma saída pela junção esboçada entre esses diversos planos: os do universal (como noção formal) e do comum (como projeto político)? No desabrochar da cidadania romana, com efeito, os dois cruzam-se pela primeira vez: seu status jurídico, de um lado, no modo do dever-ser e não podendo sofrer exceção, define uma prescrição necessária que vale universalmente; e, de outro, a partilha dessa cidadania estende-se progressivamente até torná-la a "pátria romana" comum a todo o Império, sem mais exclusão. A importância de Roma é ter, assim, reunido os dois sob um mesmo vínculo legal: a "Cidade" e o "mundo", a *urbs* e o *orbis*.

Roma, portanto, fornece a primeira experiência, do lado europeu, de uma globalização que não se limita à uniformização ambiente dos modos de vida (a toga, as termas, o circo, os jogos, as catilinárias etc.), tal como procede inevitavelmente do amálgama das populações e da circulação, em vastíssima escala, dos bens e das ideias. Com o status de *cidadão romano*, impõe-se, sobre a diversidade dos lugares, dos povos, dos costumes e das religiões, a mesma forma institucional e jurídica. A cidade mundial dos estoicos permanecia um conceito mais moral – sustentado que era exclusivamente pela figura do Sábio, pelo apelo à virtude e a fusão com o cosmo – do que propriamente político. Em Roma, em contrapartida, a "cidadania universal", *universa civitas*, começa a se tornar efetiva: mediante a lei, o universal sai da filosofia e de seu compartimento lógico para definir uma unidade de status e de condição. Ora, esse status jurídico da cidadania distribui-se pouco a pouco, a partir dos municípios italianos, dos últimos séculos da República aos primeiros do Império, por atribuições cada vez mais amplas, decididas em massa, até os mais remotos territórios: aqueles que são bordejados pelo *limes*, desenhando assim o fim do mundo habitável ou pelo menos passível de integração. Com o edito de Caracala, em 212, essa cidadania vê-se finalmente concedida a todos os habitantes do Império, como se se tratasse efetivamente de uma evolução necessária. Terminam então de se associar, nessa forma institucional da cidadania romana, e antes que os sobressaltos das invasões venham derrubá-la, a exigência *a priori* do um (o universal da prescrição) e a extensividade do outro (o comum da partilha).

2. Para explicar essa capacidade de Roma de absorver numa comunidade que parece ilimitada tantas histórias e povos diversos, de regiões esparsas, invocou-se com frequência (por exemplo, Claudia Moatti)[1] uma concepção propriamente romana, *des-exclusiva*, do comum. Pois os sucessos militares não bastam para explicar essa prodigiosa extensão. Como prova, os relatos de fundação: Roma encarna *ab initio* um espírito de abertura que se opõe radicalmente ao princípio de comunidade restrita, ou ferozmente reservada, da qual se orgulhava a *pólis* grega. Enquanto os cidadãos de Atenas não concebiam nenhuma dúvida quanto à sua nobre origem, considerando-se nascidos da própria terra, "autóctones", e extraíam orgulho de sua longevidade étnica, Roma reconhece ser de bom grado, ao contrário, uma "mixórdia de estrangeiros". Quer remontem sua fundação a Eneias, e, logo, a Troia, quer acreditem na cidade como estabelecida pelos gregos, quer ainda a considerem de origem bárbara, Roma admite sem dificuldade (como é, aliás, de bom senso) que a *urbs* nasceu da imigração e conheceu desde o início a mistura; admite, inclusive, sob a capa da história de Rômulo e Remo, ter sido povoada nos primórdios por salteadores e escravos fugitivos que buscavam refúgio no Palatino. "Mistura indistinta de homens livres e escravos, todos em busca de novidade", diz Tito Lívio dos primeiros romanos (I, 8, 4-6). Ora, longe de querer calar essa origem no mínimo duvidosa, a historiografia romana enfatizou os aspectos benéficos de uma fundação tão compósita que permitiu que Roma se desenvolvesse.

Nada, portanto, devia limitar a extensão de Roma, uma vez que a romanidade não derivava, propriamente falando, nem do solo nem do sangue: a identidade de uma cidade não é em hipótese alguma, do ponto de vista dos romanos, de natureza étnica; longe de ser uma tara, a mistura das populações constitui, a seus olhos, um aporte. Da mesma forma, enquanto os pensadores gregos associavam o caráter consumado de sua *pólis* à sua natureza limitada (em Aristóteles, *teleios*, como primeiro predicado da *pólis*, liga a ideia de perfeição à finitude), os romanos não pretendiam, por sua vez, nenhum termo para seu crescimento. Diferentemente das cidades gregas, Roma descobre para si, através do que não deixa de ser seu imperialismo, uma vocação sincrética: absorvendo tantos povos estrangeiros, sobretudo orientais, ela compensa sua juventude com a antiguidade daqueles; e se apossa de suas eras passadas. O ideal que lhe reconhecem aqueles que, já em sua época, debruçam-se sobre o seu espantoso destino, é menos ter procurado conservar (o identitário e o específico: um sangue puro, cultos originais, uma língua ancestral...) do que ter sabido *integrar*. O nativo acolhe o elemento peregrino ou dele se apodera, o rapto das Sabinas ilustrando à sua maneira essa inclinação marcada pela adoção. Inclusive, Roma não se gaba em absoluto de ser a primeira, não reivindica nenhuma originalidade inaugural: sua abertura, que estimula sua extensão indefinida, é impulsionada, ao contrário, pelo que chamamos, para caracterizar a "via romana", seu princípio de "secundaridade" (Rémi Brague).[2] Sem falso pudor, os romanos se veem como descendentes e não pioneiros. Roma imita, pega emprestado, absorve; adota e adapta; desenvolve-se, como sua língua, por acréscimos sucessivos. Pois, em vez de ver nisso uma ameaça, sabe que se enriquece com esse afluxo contínuo. A despeito do que muitas vezes parece uma propaganda hábil, de que se servem com felicidade seus períodos oratórios, é forçoso reconhecer que Roma funda sua *societas* sobre um laço inédito: não mais de natureza, cuja pureza, segregadora, fosse defendida, mas sim de "associação", efetivamente, desembocando no estabelecimento de um mundo comum a partir de tradições e ideais partilhados.

3. Mas Roma não é apenas notável por ter estendido suas fronteiras a tal ponto, ampliado de tal forma seus limites. Não é apenas exemplar para nós, nesta nova época de globalização, por sua capacidade de integração que permite fazer coabitar, durante vários séculos, tantos povos, raças, línguas e cultos diversos. Roma dá seguramente a lição de um *melting pot* bem-sucedido. Mais instrutivo ainda é o fato de ter sabido finalmente ligar um e outro: incrustar essa extensão territorial e civilizacional, favorecendo o *comum*, num

status legal único – a cidadania romana – fundador de *universalidade*. A questão torna-se então: como devemos compreender a universalidade num contexto que não seja mais filosófico, mas jurídico? Como mostraram trabalhos recentes (principalmente os de Yan Thomas),[3] tal difusão da cidadania romana fora de Roma não pôde ser feita, ao contrário do que amiúde se afirma sobre o espírito "concreto" dos romanos, senão por uma construção do direito bastante elaborada e até mesmo espantosamente abstrata.

> Pois, na medida em que, desenvolvendo-se e conquistando a Península, Roma não concebeu um Estado territorial (itálico) enquanto tal, normativo-homogêneo, isto é, de fato não se pensou fora do âmbito físico de sua própria cidade, a nova comunidade cívica formada pelas colônias e municípios itálicos não pôde ser concebida senão pelo viés de uma *ficção*: a da "comum pátria", segundo a qual o território da Cidade assimilaria as pátrias locais. Dessa forma, era permitido a alguém ser ao mesmo tempo cidadão de outra cidade e igualmente de Roma. Com a construção jurídica substituindo a realidade, esse princípio de "ubiquidade" de Roma leva à consolidação por toda parte de uma pátria de direito (*patria juris*) que vem superpor-se aos laços locais: os cidadãos das cidades fora de Roma viam-se, assim, cidadãos romanos da mesma forma que se fossem efetivamente de Roma. Como consequência dessa casuística, alguém via-se romano ao mesmo tempo em que continuava a pertencer à sua própria pátria (local); e continuava em sua própria pátria quando partia para uma viagem a Roma...
>
> Ganha assim um sentido institucional rigoroso a célebre distinção estabelecida por Cícero e que leva a justapor as duas numa complementaridade de princípio (*De legibus*, II, 5): a pequena e a grande pátria, uma pátria "de natureza" e a outra "de cidadania". Como é dito acerca de Catão, "tusculano por sua origem e romano por sua cidadania", possui-se ao mesmo tempo

> uma pátria geográfica e uma pátria de direito: uma é aquela onde "nascemos", a outra, aquela em que somos "acolhidos". Mas esta deve prevalecer sobre a outra até em nossa afeição, porque o nome da "coisa pública" torna-se em seu caso, declara Cícero, o de uma "cidadania universal", *civitas universa*. Portanto, é em Roma, mediante o direito, que a *comunidade* começa a *se universalizar* de maneira positiva: apenas ela se estende ao extremo do espaço frequentado, como, além disso, adquire um status formal, racional, de princípio, fundador de necessidade e promulgador de legalidade. Com o romano não constituindo mais um dado, mas sendo o que é construído pelo laço jurídico, "Roma" não se limita mais a ser determinada cidade individual e concreta no mapa, mas, "segunda mãe do mundo", *parens mundi altera* (Plínio, *História natural*, XXXVII, 201-5), torna-se um espaço único, abstraído da geografia e nascido de uma consanguinidade nova: a de todos os cidadãos das outras cidades reunidos por um mesmo direito cívico, igualmente protetor, na *civitas* romana tornada *maxima*.

Daí a ideia que vemos celebrada pelos próprios romanos, segundo a qual, ao unificar o conjunto dos homens sob o direito romano, encontrando para eles uma pátria comum, Roma, consumando a natureza, devolveu o homem à sua *humanidade* (retirou-o de sua "imanidade", *immanitas*). Dissipa-se definitivamente a separação grega entre helenos e bárbaros. Antes mesmo de resultar na distinção das duas pátrias, local ou de direito, o *De legibus* colocava logicamente, como condição prévia dessa universalidade cívica, a unidade do "gênero humano" (*De legibus*, I, 28-33). Sua noção não é mais conquistada numa transposição do limite, como em Platão, sendo agora central e repousando no princípio de uma igualdade natural. Presta-se resolutamente ao caráter de universalidade típico da definição; ela eleva o "homem" à abstração: "Seja qual for a definição que forneçamos do homem, ela é única e válida para todos" (ao passo que, "se houvesse dessemelhança na espécie, uma definição única não abrangeria todos os indivíduos", *De legibus*, I, 28-33).

Decerto, na época em que Cícero fala dessa forma, a cidadania romana não se estende além dos municípios italianos; porém, graças ao direito, a universalidade lógica da definição do homem, seja qual for seu conteúdo, já carrega em si, a título de exigência interna, e com o risco de que ainda leve vários séculos para ser ratificada pela História, o princípio de uma extensão do comum: "Segue-se então que a natureza nos criou para partilhar uns com os outros e pôr em comum entre nós todos o direito" (*De legibus*, I, 28-33). O direito se tornou, efetivamente, a base estável, reconhecida como aval, pelo menos na cultura europeia, do humanismo; e este, sob essas condições, formou-se de fato em Roma, tal como personificado por Cícero, e não na Grécia. Isso não significa que ele deva reinar sozinho durante muito tempo. Pois ele não podia permanecer ligado ao destino de uma Cidade que se desdobrava sem limites sob os auspícios de seus deuses protetores que simbolizavam o mundo. Inclusive, cabia a Paulo apóstolo, na mesma época e nesse mesmo Império, recorrendo não mais à lei, mas à fé, e eliminando qualquer status apenas sob a ótica da salvação, querer derrubar essa universalidade formal, dos cidadãos; e substituí-la por outra universalidade, que fosse capaz de alcançar até em seu destino mais singular a vida íntima dos sujeitos. Sem, portanto, superpor-se mais aos laços de grupo, como reivindicava a cidadania ciceroniana, mas sim abolindo-os.

VII. Paulo e a iniciativa de superação de todo comunitarismo no universalismo cristão

1. De que outra lógica – ou não seria preferível denominá-la antilógica? – extrai então sua força, com efeito, na outra ponta do mundo romano, a universalidade prometida por Paulo ao pregar a Boa-nova trazida por Cristo? Essa força nasce, em primeiro lugar, de uma inversão. Disposta a se beneficiar, para sua difusão, desse vasto espaço sem fronteiras internas – unificado pela língua, pelos costumes e pelo direito –, produzido pela extensão romana, a evangelização de Paulo deve seu poder de abrangência ao fato de enfrentar abertamente, e pretender destituir, o mais imperioso deste mundo: a lei. Ele, que se fizera inicialmente, ao se ligar aos fariseus, seu defensor intransigente, subitamente volta-se contra ela. Contra todo o prestígio da lei, seja a do jurisdicismo romano ou, em primeiro lugar para Paulo, a do legalismo judaico, a missão que se atribui o apóstolo é claramente mostrar que uma universalidade da salvação só poderá advir com sua suplantação. Surge a fórmula que fissura a História e nela instaura um novo reinado: "Cristo remiu-nos da maldição da lei" (*Gálatas*, 3, 13).

Pois em que medida a lei, qualquer lei, a despeito do absoluto formal a ela conferido por seu enunciado, ainda nos retém no particular?[1] Não apenas, como tanto se falou, porque as leis, comparadas entre si, são distintas, chegando a se contradizer; não apenas porque são fadadas a este plural – porque distribuem seus mandamentos e especificam suas condições. Mas sobretudo porque toda lei, em seu princípio, pelo regime de obrigações e deveres por ela instaurada, impõe um modo prescritivo de determinação que engole todos os outros: ela se priva de inúmeras outras modalidades possíveis. A pretexto de abranger todos os casos, ela os encerra numa univocidade que é a da coerção e da atribuição. Seu regime lógico é exclusivamente o da afirmação predicativa, e não sai disso. Portanto, à lei, opõe-se a "graça", *charis*: a *graça* nomeia o que precisamente excede todo predicado possível e que, ao contrário da lei, advém sem ser devido. Ela extravasa de uma vez só toda estreiteza das ligações planejadas e sua causação, chegando a acenar para sua ilegitimidade passiva: com isso, abre um novo horizonte – onde nada mais é preconcebido antecipadamente – para o universal.

Ou, quando Paulo refere-se a uma lei, é à "lei do espírito", *nomos pneumatikos*, em que o regime de obrigação vê-se sobrepujado pela gratuidade e que ele denomina "amor" (*agapê*). "O amor é o cumprimento da lei" (*Romanos*, 13, 10). Ao "preenchê-lo" completamente, propriamente falando (enquanto *pleroma nomou*), ele a desaloja de seu império, põe fim à sua validade. Daí resulta essa mutação fundamental: o "amor" nomeia essa antilei, que não é mais plural nem literal, e que, desespecificando as relações, torna absoluto, *vivo* (a "morte" achando-se retraída no particular), o comum da partilha. Com isso, o amor é portador de uma ligação que não é mais formal, como na lei, mas inclui antecipadamente o destino pessoal de todos os homens atingidos em sua intimidade. Assim, são educados, sob essa unidade de Amor, como sujeitos universais que nem por isso deixam de permanecer, em sua abertura individual própria – esta é a contribuição mais importante do cristianismo, que, doravante, atravessa esses contrários –, únicos e singulares.

Pois há efetivamente, na base do ensinamento de Paulo e não cessando de inspirá-lo, esta verdade paradoxal: o enunciado menos crível é, em virtude disso mesmo, acessível a todos. Por um lado, é o menos dependente de justificações sempre aprisionadas numa rede de noções e argumentações particulares: o enunciado mais inusitado é o mais livre. Por outro lado, o enunciado mais "louco" é o mais universalmente crível, uma vez que põe todos os homens num pé de igualdade em sua idêntica dificuldade de crer: ao pé do mesmo muro da fé – do mesmo escândalo da Cruz. Que Jesus tenha ressuscitado, no que se resume todo o ensinamento de Paulo, é o enunciado mais disponível à livre convicção de cada um, porque o menos embasado por verdades contíguas tomadas nas construções das diversas culturas. Ele opera como um abstrator – esvaziador – de todo particularismo, abre um espaço claro para uma nova condição desvencilhada da herança e dos enclaves do passado. Obrigando a romper com o saber nascido da repetição e da experiência anônima (o da "mortalidade"), obriga ao mesmo tempo a se desvencilhar dessa generalidade fraca, que se atém à constatação, para projetar a verdade num plano completamente diferente e que corta ostensivamente os laços com a *doxa*. Ele compele à emancipação em relação ao regime de adesismo comum, amplamente passivo porque pulverizado no diverso das crenças e das opiniões, para transformá-lo em ato de adesão voluntária, destoante, e em virtude disso mobilizador, que seja absolutamente o mesmo – único – para todos os crentes.

2. Ao pregar a loucura da Cruz, Paulo promove a universalidade pelo menos de três maneiras: liberta mais abertamente de todo laço (com o meio, a língua, a comunidade); obriga mais radicalmente a superar toda divisão (dos judeus e dos gregos, ou dos eleitos e dos excluídos etc.); obriga, enfim, todo sujeito a esvaziar-se de sua plenitude individualizante, de opinião e de posição, para alcançar o despojamento interior exigido pela fé. Ora, é apenas pela fé, não pelas obras da lei (*Romanos*, 3, 27), que a mensagem cristã é tornada igualmente acessível a todos os homens e que eles constituem um. – A primeira operação, de *desprendimento*, pode ser recapitulada, por sua vez, sob uma frente tripla. Pois convém, em primeiro lugar, levar em conta este fato primordial: que, embora contemporâneo de Cristo, Paulo não conheceu Jesus. Quero dizer que não o conheceu humanamente: não conviveu nem falou com ele, nem sequer o encontrou. Cristo para ele não tem traços particulares, um rosto, não apresenta a seus olhos nada de anedótico. Libertado do familiar, alforriado de uma proximidade física, *de visu*, e de seu chafurdamento no circunstancial, a intimidade que Paulo mantém com o Senhor não bate com o relato (ora, o que mais particularizante do que um relato?): necessariamente de outra ordem, como para todos os homens depois dele, ela só pode relacionar-se em "espírito".

Igualmente notável (e revelador da maneira como Paulo concebe seu ensinamento): é imbuído exclusivamente de sua revelação (no caminho de Damasco...) que Paulo parte para ensinar a Boa-nova às nações. Sem, portanto, começar por informar-se junto àqueles que foram os discípulos diretos do Senhor: irá esperar três anos antes de ir a Jerusalém para conhecê-los. Logo, o conhecimento reivindicado por Paulo referente à pessoa do Cristo não é da ordem da informação, que é sempre pontual: Paulo não tem necessidade de saber mais quanto aos detalhes, os dos fatos e gestos relatados, e só importa a economia da Salvação englobando todas as épocas num único acontecimento. Livre de todo o anedótico, Paulo pode levar sua mensagem ao estado de épura: o da morte vencida e do novo Adão. Nada de biográfico, nem mesmo de hagiográfico vem mergulhar o enunciado da incrível verdade no particular: essa mensagem, subtraída de imediato a toda especificação, apreende o homem no irredutível de sua condição e se dirige a todos.

A segunda característica que liberta o ensinamento paulino do enraizamento humano que foi o de Cristo e de seu solo mental deve ser procurada na língua. Cristo exprimia-se em aramaico (ainda que possivelmente tenha tido contato com círculos gregos), Paulo fala (pensa) em grego: Paulo desvincula dessa forma a mensagem cristã de seu verbo nativo. Liberta-a do que uma língua – toda língua – contém de articulações e possibilidades próprias e a leva a superar-se pela prova da alteridade: a sair da aliança implícita que uma língua mantém consigo mesma e, por conseguinte, a dessolidarizar-se de seu idiotismo. Ora, não apenas Paulo traduz essa mensagem, e a tradução, transferindo seu teor segundo outras expectativas, nocionais e sintáticas, transpõe as fronteiras da língua de partida e é prenhe de universalização. Não apenas muda, não tanto de língua como de família de língua (do semítico para o indo-europeu). Mais que isso: falando grego, Paulo conecta ao mesmo tempo a mensagem evangélica a essa língua calejada de falar o universal, que é o *logos* dos gregos, desvencilhado de sua ganga mítica. Embora ande abertamente na contracorrente da "sabedoria" helênica, Paulo nem por isso deixa de se beneficiar de todo o trabalho que esta realizou para deduzir um plano abstrato, conceitual, da singularidade do fenômeno e do empírico. Essa confrontação que ele promove eleva prontamente seu ensinamento ao nível intelectual helênico: desse ponto de vista, ele difunde a mensagem de uma seita, como existiam tantas outras nessa época, e mais ou menos taumatúrgica, na língua provocada a articular as coerções racionais da verdade. O mesmo que dizer que, se a famosa cena do Areópago (Paulo discutindo com os filósofos de Atenas) é uma fraude e esboça um quadro demasiado fácil, nem por isso deixa de deter uma parcela de justificação. Ao encontrar o grego e sua exigência, a mensagem cristã muda de qualificação: não apenas se beneficia, a título de veiculadora, da língua mais disseminada de uma ponta à outra do mundo romano, favorecendo dessa forma sua difusão, como encontra nela o recurso, que facilita sua compreensão (do que já se beneficiara a *Septuaginta*), de explorar a língua da filosofia.

A terceira forma de libertação do ensino de Paulo com relação às suas condições e limitações de origem é, resultado das duas precedentes, a de seu próprio esforço, sua luta contínua: o fruto de uma vida. Não mais precisamente abstração (com relação à história de Cristo e de sua língua), mas extração: a *extração* que Paulo opera gradativamente, uma vez que é tão difícil fazer advir, tão perigoso, fora da comunidade judaica e de sua lei (ainda que já fosse precedida, de certa forma, nessa consciência de uma missão universal, pelo judaísmo helenístico ao qual ele pertence). Pois, onde quer que desembarque, Paulo não pode começar sua pregação a não ser na sinagoga: judeu, começa por dirigir-se aos judeus. Em seguida, porém, seu ensinamento extrapola esse contexto (no mais das vezes ele é expulso). Com efeito, Paulo tem consciência do perigo de tudo que fixasse a Nova num espaço comunitário que bloqueasse seu desdobramento universal; ou de que toda comunidade carregasse em si o comunitarismo (exclusivismo). A pergunta que não podemos evitar entre Pedro e Paulo, quando este vai finalmente a Jerusalém, é a seguinte: até que ponto a nova doutrina deve permanecer dependente do meio que a gerou? Ora, não passa pela cabeça de Paulo ceder em sua posição: contra a ideia, defendida pelos discípulos de Jerusalém, de que Cristo veio consumar a lei mas não encobri-la, Paulo sustenta, ao contrário, que a ruptura que a vinda de Cristo introduz na História abole os marcos anteriores, ou, pior, torna-os indiferentes. Em outras palavras: se a verdade nova é efetivamente tributária de uma tradição ("primeiro o judeu, depois o grego", *Romanos*, 1, 10), a universalidade à qual ela dá acesso nem por isso deixa de suprimir todo pertencimento.

Por essas diversas operações de abertura, Paulo propõe-se neutralizar as diferenças para deixar uniformemente liso – igual – o plano onde erguer a fé: subsiste apenas um único vínculo – que dilui os demais, o do homem em Deus. Toda divisão acha-se abolida: de raça, de sexo, de condição. Pois tudo que possa criar obstáculo à universalidade do Anúncio deve ser superado. Uma frase da *Epístola aos gálatas* (3, 28) exprime essa ab-rogação revolucionária: "Não há judeu nem grego, não há escravo nem livre, não há homem nem mulher, pois todos vós sois um em Cristo Jesus." Com a supressão da distinção entre gregos e judeus cai aquela dos dois discursos que Paulo estabelece paradigmaticamente em contraste para fazer deles a alternativa doutrinal do Antigo Mundo (*Epístola aos coríntios*, I, 17-18): o da integração (pela sabedoria) e o da eleição (pela mensagem); ou o que argumenta contra o que profetiza, o que exige provas daquele que espera sinais: aquele que descobre para o homem seu lugar na ordem do Universo, *ou* aquele que decifra na história de um povo a promessa da Salvação. Aquele que se fundamenta na razão ou aquele que se prevalece de um status de exceção. Ora, doravante, "não há distinção entre judeu e grego" (*Romanos*, 10, 12). Da mesma forma, na regeneração do batismo, ao qual todos são conclamados, a distinção entre circuncisos e incircuncisos perde sua fronteira e torna-se caduca (*Gálatas*, 6, 15). Paulo sustenta isso contra Pedro para fazer explodir toda medida de exclusão pela qual o comunitarismo judaico pretendesse demarcar-se (por exemplo, durante a discussão de Antioquia em torno da questão das refeições feitas em comum com os não judeus; *Gálatas*, 2, 11). Ou, se deixa separações estabelecidas na ordem do temporal, entre homem e mulher, senhor e escravo, pelo menos ele as ab-roga perante Deus: mais nenhuma categoria terá o monopólio nem sequer o privilégio da Aliança.

3. Contudo, a questão se coloca (basta reinserir o episódio cristão em seu mundo): o que distingue essa indiferença paulina pela diversidade das condições daquela já desenvolvida, nos escombros das cidades, pelo cosmopolitismo estoico (esse estoicismo amplamente vulgarizado que sabemos ter influenciado Paulo até em sua arte da diatribe)? Pois ele também equiparava as posições. Mas o fazia apenas por ab-rogação das fronteiras e o aumento de escala, numa perspectiva tornada "cósmica", a de um mundo natural que compreendemos governado pela razão. Ao passo que esse igualitarismo estoico procede por abstração e redução das contingências, a superação das separações entre os homens baseia-se, em Paulo, no fato de que estes não existem todos senão por intermédio e dentro de uma mesma filiação com Deus, que não é mais Deus de uns que de outros, não mais dos judeus do que dos pagãos (*Romanos*, 3, 27). A própria humanidade é una, não tanto por comunidade de natureza, mas porque está engajada desde a Criação numa mesma história (da Queda e da Redenção), lacrada desde sempre pelo plano divino da salvação, mas que Cristo veio finalmente revelar. Essa unidade que abre para o universal não é, portanto, apenas da divindade e de seu desígnio providencial, é também do Acontecimento anunciado. Este chegou de uma vez por todas, e para todos os homens. A ressurreição de Cristo (a vitória sobre a morte) é o acontecimento puro, absoluto, livre de qualquer anedotário (mas nem por isso simbólico) e absorvendo em si todos os outros. Estes, com efeito, são indiferentes para nós, não mais como quer o estoicismo, por comungarem uma necessidade causal que nos escapa, mas porque apenas um acontecimento conta – acontecimento sem causa, concedido por graça, por "dom" (*Romanos*, 3, 23) – e porque, a partir do momento em que nele se crê, tudo muda. Seu alcance universal advém de que ele dilui em si todas as histórias positivas e que, dominando todos os espaços e todas as eras, impõe pré-empiricamente a toda a humanidade, como quer efetivamente o conceito de universal, a necessidade do que se reduz doravante a uma mesma condição que dissolve as outras: aquela – única – de filhos de Deus prometidos igualmente à ressurreição.

Portanto, consideremos ambos os lados: o primeiro, segundo o qual apenas a consistência de que o homem é capaz decorre de sua completa dependência em relação a um Deus único e o mesmo para todos; e, o segundo, para o qual um mesmo Acontecimento, outorgado por Deus e proclamado por seu Filho, é o único constitutivo da história humana. Daí decorre um completo *esvaziamento* do sujeito cristão, que não possui mais nada de próprio, por sua natureza: esse sujeito liberado de toda determinação especificadora, afetando-o em si mesmo, é o mais radicalmente aberto à universalidade. O sujeito romano como sujeito detentor de direitos, era um sujeito pleno, enraizado em determinações naturais (de nascença, de origem, de status, de família etc.), das quais ele não tinha por que se descolar, ao mesmo tempo em que a elas vinha superpor-se a universalidade formal de sua *civitas*. Mas o sujeito paulino amputou de si toda outra qualificação que não fosse o acontecimento Cristo e sua filiação a Deus: a universalidade que lhe cabe não se acrescenta nele a título de atributo suplementar, mas resulta da igual nudez – nulidade sem Deus – do que não é mais efetivamente para ele uma natureza propriamente dita (uma vez que está perdida), mas apenas uma Espera (apelo) engajada desde sempre como destino coletivo. Todo homem é eternamente essa mesma forma vazia que apenas Deus preenche. Ora, essa entidade negativa – oca – varre de imediato as diferenças e torna os homens idênticos entre si: não há senão o vazio que seja absolutamente idêntico (ao vazio)...

Daí resulta que o cristianismo modificou profundamente a instância do universal: este conhece uma mudança que lhe descortina um novo futuro, que o liga paradoxalmente ao singular do Acontecimento. Em vez de se opor ao individual, o *hekaston*, como o constrói imperativamente a razão grega, eis que doravante se conjuga com ele na pessoa de Cristo – de Deus feito homem e se *encarnando*. Por um lado, este é o Logos preexistente, "de antes de todos os séculos", e participando em tudo do absoluto divino; mas, por outro, esse Verbo fez-se carne, "habitou entre nós" (João, 1, 14); viveu, penou, sofreu como cada um dos homens, fez a experiência de diversas idades da vida. Na esteira de Paulo (de Justino a Irineu de Lyon, a Orígenes, a Agostinho comentando são João etc.), o ensinamento dos padres é efetivamente acoplar os dois: a encarnação de Deus na história humana, do nascimento à ressurreição de Cristo, é a inscrição, no seio desse singular, de um universal Amor. Dissolvendo a contradição dos dois, em vez de a resolver, Cristo conferiu à salvação o aspecto de uma reconciliação lógica, e foi certamente a isso que o cristianismo deveu, por um lado, sua força de conversão. Pelo menos em terras da filosofia. Com seus braços abertos, tal como foi pregado na cruz, "levou a Deus os dois povos dispersos nas extremidades do mundo". "Mas no centro não havia senão uma única cabeça para mostrar que existe somente um Deus, acima de todos, em meio a todos e em todos" (Irineu de Lyon, *Contra as heresias*, V, 17, 4).

4. Sabemos muito bem como, desde então, o religioso, essa figura do universal concreto, passou à interpretação europeia da História – ao qual se associa finalmente Hegel: com os grandes homens, cada um em sua época, sendo os órgãos do espírito substancial de seu tempo, realiza-se então incessantemente neles a "verdadeira relação do indivíduo com a substância universal".[2] De um lado, "o universal que eles consumaram, eles o hauriram em si mesmos", como homens sofrendo e lutando em seu particular para fazer advir por seu esforço, diariamente, seu ambicioso desígnio. Porém, de outro, esse desígnio, que seríamos levados a crer levado por seu interesse egoísta, "eles não o inventaram": pois "existia desde toda a eternidade", no espírito ainda não revelado, ainda que seja por eles que ele se realiza e se vê "honrado". O paradigma crístico mal é atenuado: como soube instaurar pessoalmente com sua ação obstinada essa nova figura do universal, ao passo que ela mal se ergue acima da confusão e dos particularismos da época, o *grande homem* é aquele mediante o qual a ideia de Salvação converteu-se em Progresso. Assim, com sua individualidade própria tornando-se a do Conceito que descortina através de si o caminho singular de seu desenvolvimento, não restava mais à civilização europeia, em seu apogeu graças ao sucesso comprovado da ciência, senão designar a seu bel-prazer, e através do mundo, figuras dessa encarnação: atribuir essa vocação de universalidade, secularizando-a e para nomear por ela sua modernidade, a novos pretendentes.

A Igreja, de concepção "romana", já passara por ambos, como fez Roma, pelo universal e pelo comum: ao se denominar "católica", isto é, apropriando-se do conceito lógico do universal (o *katholu* dos gregos), ela mostrara como àquilo que não passa sempre historicamente (empiricamente) de uma comunidade ou "assembleia" particular, "igreja" (*ecclesia*: a dos batizados), podia atribuir-se a missão de exportar para toda parte mundo afora, convertendo à força e raramente por convicção, a verdade absoluta – prévia a toda diversidade humana, uma vez que dirigindo-se a todos e transcendendo todas as eras – por ela reconhecida. Aquilo de que Paulo, o apóstolo das nações, não cessando de fundar comunidades e trabalhando para difundir a Boa-nova "até nos confins da terra" para abrir a todos os homens o caminho da Salvação, é efetivamente o promotor. Mas até que ponto a Igreja não foi nesse sentido? Pois, diante da diferença das culturas e da resistência dos outros cultos e das outras crenças, a Propaganda da Fé da qual a Igreja triunfante assumiu a responsabilidade histórica não mais se contentou em levar cada vez mais longe sua mensagem: tornou esta definitivamente inconciliável e, entregando-se assim à erradicação apaixonada de qualquer outra concepção, vestígio de "superstição", acabou por revestir seu universalismo com esse *exclusivismo* de que todo comum é ameaçado.

Ora, não poderíamos explicar dessa forma tal êxito histórico do cristianismo, durante tantos séculos, sem considerar como este tirou criteriosamente partido desta operação: sua mensagem soteriológica, tão comum a tantas seitas, reconheceu-se e denunciou-se a si própria como "loucura", já em Paulo, considerando a exigência inflamada pela razão; e não podia, portanto, ele mesmo se salvar senão por essa montanha – e esforço supremo – do universal desconectando-se completamente da variedade das experiências e das opiniões e monopolizando assim a crença, renunciando a todas igualmente. Depois, da Igreja de Bossuet e de seu *Discurso sobre a história universal*, onde o universal perpassa de maneira decisiva, me parece, o que ele considera extensivamente planetário com o prescritivo da Verdade, conciliando a história profana com a História sagrada, essa vocação de conduzir a humanidade em marcha viu-se transferir, para além da função hegeliana do grande homem e por declinação sistemática dos possíveis, não mais para uma religião mas para um povo (também em Hegel); ou para uma classe (em Marx); ou mesmo para uma civilização, a sua – a "ocidental": eis que esta teria encarnado exclusivamente em si o desenvolvimento necessário da Razão e levaria o progresso dos valores universais a toda a humanidade.

VIII. A questão do universal é colocada nas outras culturas?

1. Este circuito impunha-se como preâmbulo e marcha de aproximação: tínhamos, para começar, de vistoriar diversas entradas antes de nos embrenharmos mais nessa floresta do universal, que domina tão bruscamente nos dias de hoje. Pois não vejo como podemos captar essa questão do universal, tal como ela sobranceia doravante, com sua vertigem, a relação entre as culturas, sem sondar inicialmente de onde a consideramos. Ora, esse "de onde" é manifestamente dos mais equívocos. Sem começar, por conseguinte, por deambular pelo seu solo mental e identificar de que terreno este é feito. Sem remontar à sua genealogia, que, passeando-nos do profetismo religioso à instituição política, extrapola deliberadamente o campo da filosofia: Paulo ou os legisladores do século II do Império não são, sob esse aspecto, tão importantes quanto Aristóteles? Ou, antes, sem examinar, desse campo mesmo, o que seria sua *geologia*. Pois esse grande dobramento do universal, tal como domina altaneiramente o pensamento, produziu-se, constatamos, sob impulsos múltiplos que a princípio não têm relação entre si e carrearam matérias espantosamente díspares. Ainda que sob estes três impulsos contidos: o conceito; a cidadania; a salvação. Dessa forma, é forçoso reconhecer que nosso pensamento do universal deriva de uma história dispersa, em todo caso não centrada, compósita, para não dizer caótica, e que se sedimentou em uma sucessão de planos cujas formações, quando as consideramos em corte, permanecem no mínimo heterogêneas.

Além do mais, seria possível, propriamente falando, compor *uma* história a partir disso? Pois que laço supor entre esses três setores, para nos atermos apenas a estes, que correspondam a essas pressões, cada qual com sua lógica própria: a exigência do *logos*, correspondente à necessidade das determinações próprias à ciência, a constituição jurídica da "dupla cidadania", correspondente às necessidades da expansão romana, ou o convite apostólico a superar toda clivagem humana, correspondente à única vocação de "filhos de Deus"?... Em que medida essas diversas sequências estão em condições de se coordenarem ou mesmo de tão somente se encontrarem? Fazem elas outra coisa além de se justaporem e recobrirem? Ou, no máximo, se ampararem? Não há nisso, evidentemente, com que compor uma "história" – mas apenas acumulação e concentração de exigências por superposição de camadas e estratificação de impulsos.

Nem por isso o pensamento do universal deixou de desfrutar essa sedimentação, fornecendo-lhe cada vez mais solidamente uma base. Penetrando em terrenos tão diversos, extraiu deles um efeito de fundação sobre o qual as construções da filosofia, na sequência – mas fingindo "tábula rasa" –, viriam erigi-lo. Sua transcendência aumentou subterraneamente em virtude de tantas camadas atravessadas. A ponto de ele ter conseguido dissimular sua ambiguidade originária sob tanta unanimidade e de vermos a razão clássica, por princípio tão ciosa de fundamento, interromper sua fundação justamente em seu nível. Inclusive, apesar de sua composição heterogênea, o universal vê-se projetado como pedra angular e aspiração única. Apesar ou *por causa* de? Pois esse dispositivo de lentes, laminado como é, é convergente. Para voltar novamente aos três planos: a elevação ao conceito, trazida pelo *logos*, fez desse universal o fim da abstração e mesmo do trabalho do pensamento; como também a extensão do direito, trazida pela expansão política do Império Romano, fez dele o fim da comunidade; assim como o esvaziamento de todo sujeito correspondente ao apelo de Deus fez dele a destinação da alma e o fim de toda humanidade etc.

Ora, eu me pergunto se a ideologia europeia não nasceu, pelo menos em parte, desse efeito de ótica, desses planos sucessivos, com impulsos diversos e sem relação entre si, mas que o universal alinha. Não que tal universal tenha empreendido seu agenciamento entre si, menos ainda que tenha podido ordená-los em conjunto, mas é exclusivamente por seu intermédio que esses planos heterogêneos (filosófico/político/religioso) deixam transparecer uma perspectiva com algo em comum, fornecendo-lhes um ponto precioso de junção no horizonte, uma vez que não há mais entrelaçamento e penetração. Pois onde encontrar alhures, num contexto ideológico tão pouco centrado como o da Europa, uma articulação com planos tão diversos, conferindo-lhes alguma coesão ou pelo menos alguma coerência? Daí esse status de finalidade última do qual o universal se prevalece no pensamento europeu, extraindo de si todo o ideal – deixaria pelo menos subsistir algum outro? – e não cessando de obcecar a consciência moderna, em busca, como ele está, de uma contínua encarnação. Exigência doravante global e, em virtude disso, insuspeita, fazendo esquecer sua localidade, e até mesmo tornando-se planetária hoje, uma vez que definitivamente hipostasiada, bem como impondo seu dever-ser no domínio tanto dos valores como do conhecimento: foi ela, principalmente, que ordenou, segundo uma mesma dobra, a necessidade da Razão e o devir da História, fazendo assim de seu triunfo o desenlace do gênero humano.

No limiar da época moderna, uma pintura como a do *Cordeiro místico*, dos irmãos Van Eyck, já fornece uma imagem dessa teleologia do universal que monopoliza a representação e a satura. Nas duas extremidades superiores do políptico, Adão e Eva vêm a nós, não mais abatidos sob o pecado original, mas extraídos da história humana, nus e crescidos, até mesmo magnificados e promovidos ao nível sublime da divindade, pois carregando o destino da humanidade inteira fadada à Salvação.[1] Da mesma forma, correspondendo à Virgem estampada não mais como simples mediadora, mas como rainha dos céus coroada por estrelas, João Batista ergue a mão para testemunhar a Trindade total: não se contenta mais em apontar o indicador, como tradicionalmente, a fim de acenar para o singular advento de Cristo. Da mesma forma, a figura central do Senhor reinando soberano em suas vestes pontificais superpõe os símbolos crísticos e os do Antigo Testamento para encarnar numa única figura o Todo-Poderoso. Cada individualidade representada remete então, sistematicamente, à mesma universalidade da mensagem, abstraída da História e definitiva. O que vale também para os painéis inferiores: sob a pomba e a resplandecência do arco-íris iluminando a Jerusalém celeste, convergem, dos quatro cantos do mundo, para a Fonte da vida e o altar do Cordeiro, "multidões de todas as nações, tribos, povos e línguas" (*Apocalipse*, VII). Essas coortes dos bem-aventurados são explicitamente diversificadas, inclusive as flores no gramado: Virgílio mistura-se aos patriarcas e distinguiríamos atrás um chapéu chinês. Mas todas essas figuras participam igualmente da beatitude de um paraíso onde o céu, não contrastando mais com a terra, desdobra-se nesses dois registros superpostos: formando uma visão unívoca em que mais nada daí para a frente se furta, mas na qual se esparrama, de um horizonte a outro, e concluindo os tempos, atraindo *a priori* tudo para si, o derradeiro vislumbre – concebido –, quem sabe mera imaginação.

Da maneira como faz confluir toda cultura e todo pensamento para a revelação de uma mesma verdade, a cuja exigência ele submete toda crença e toda esperança, leremos sem dificuldade o quadro dos Van Eyck como uma primeira apoteose da ideia de universalidade. Decerto a iconografia não tem dificuldade em mostrar, levando esses painéis para o laboratório, a multiplicidade das estratificações e retoques, até mesmo que o conjunto definitivo resultou em sua montagem "de um engenhoso agenciamento de elementos heterogêneos em vez de um projeto predeterminado e unificado".[2] Ao longo de toda a sua análise, Erwin Panofsky insiste nessa contingência. Mas, precisamente, não aconteceu exatamente a mesma coisa com a ideia de universalidade? Teria sido ela igualmente preconcebida e predeterminada? Ela igualmente estratificou o diverso, não cessou de superpor o heterogêneo e mesmo o heteróclito. Mas, como no quadro dos Van Eyck, não percebemos senão *a posteriori* o efeito de absolutização e de alinhamento, abrindo uma perspectiva única e fazendo esquecer todo o compósito.

Eu não conseguiria dissimular por mais tempo o mal-estar que sinto sempre que tenho que considerar o políptico dos Van Eyck. Mal-estar ideológico, entenda-se, mas que nenhum prazer estético pode compensar (uma vez que a arte da representação também descamba nesse caso para a saturação – ambas vão de par), e acerca do qual devo esclarecer que não se deve aos motivos religiosos evocados. É, perpassando cada motivo e cada figuração, essa monopolização *a priori* do pensável, suprimindo toda eventualidade sob a capa da universalidade, que decepciona: ao mesmo tempo bloqueando o devir e subsumindo todo possível. Nesse panorama da Verdade, toda vibração da indefinição é desde o início abafada. Somos obrigados, diante dessa tela, a nos colocar pelo menos duas questões. Em primeiro lugar, vimos constituir-se aspiração análoga nas outras culturas? Em outras palavras, encontramos um equivalente disso no *Cordeiro místico*? – o que nos leva a esta interrogação prévia: a preocupação com o universal é, por sua vez, universal? Ou seria uma fantasia teórica, ainda que eminentemente produtiva, forjada de maneira exclusiva pelo Ocidente: logo, espantosamente singular?

E também: outras culturas inclusive procuraram projetar seus valores sobre o resto do mundo sustentando sua universalidade, com vistas a convertê-lo? Ou os consideraram, ao contrário, como sendo exclusivos delas, seja porque elas não pensam no universal, seja porque não se satisfazem com sua singularidade? O que me levará a essa outra interrogação, que, além de algumas incursões apressadas através de outras civilizações, é a que me é mais cara: não poderíamos então conceber – mas como? – outra modalidade da universalidade humana? Não apenas que desconfie de toda mensagem, mesmo a mais bem-intencionada, mas que se recuse igualmente ao domínio do sentido e mesmo a toda lógica de convergência e aliança: aquela precisamente de um universal que não visa saturar os possíveis, mas atua ao contrário como um dessaturador, reabrindo a falta em cada formação-instituição possível, inquietando-as assim quanto à sua legitimidade, e, adiando para um remoto aventuroso que se furta, o alívio indolente do enclausuramento.

2. Heródoto não seria também Pai da filosofia? Antes de Sócrates, o qual, caseiro, sabemos que não punha os pés fora de Atenas. Pois há outra saída, no ponto a que cheguei, e correndo o risco de ceder ao jogo puramente conceitual da filosofia, senão entregar-se a um "inquérito", *historia* no sentido próprio, como Heródoto foi o primeiro a fazer? Já não estava presente aí a figura do aventuroso Ulisses? Ou seja, ir "ver alhures", ao encontro de outras culturas, explorar seus recursos, interrogar suas tradições e concepções, o que, no fim das contas, não deixa de lembrar o sentido primeiro do *teórico*. Antes que esse termo servisse para exprimir exclusivamente a contemplação do espírito e a escolha do especulativo, denominavam-se "teorias" essas missões e viagens feitas ao estrangeiro. Sólon é considerado "filósofo", lemos no mesmo Heródoto (I, 30), esta é, aliás, a primeira vez que encontramos a palavra, porque ele viaja para descobrir o mundo: "por causa de teoria" (*theories heineken*). Mas a filosofia, depois, renegou essa origem: permanece em casa, não se aventura mais, resiste a esse trabalho de informação e o julga impuro.

Ora, creio que ela não poderá mais prescindir disto: que, depois do tão longo retraimento que a levou a se fechar – dogmaticamente ou, antes, endogamicamente – em sua própria história e filiação, ela se veja novamente forçada a isso. Não por simples curiosidade e prurido comparatista; nem para desdobrar ou mesmo extrapolar seu saber; nem por uma questão de consciência ou de boa vontade; nem porque outras culturas reivindicam hoje cada vez mais ruidosamente sua originalidade etc. Mas sim por limites internos que ela descobre hoje em seu próprio exercício e que a compelem a reconsiderar a universalidade da qual ela se prevalece. Porque, ao desenvolver suas próprias opções, e ainda que não cesse de retomá-las e retrabalhá-las, criticá-las e, por conseguinte, alterar-se a si próprio, o pensamento europeu acha-se sempre aprisionado em determinadas configurações do pensável, que, em virtude disso, encerram outras: logo, ela não pode conceber *apenas a partir de si mesma*, a despeito de todos esses desdobramentos aos quais ela não cessa de se entregar tão ardorosamente, esse *alhures* possível do pensamento.

Pois, enquanto permanecermos na herança do pensamento grego, a questão de um status filosófico do universal não pode deixar de ser colocada: ela se impõe ao espírito como uma questão lógica; é uma passagem obrigatória para toda teoria do conhecimento. Como prova, basta o que descobrimos, bem perto da Europa, na tradição árabe. Não apenas esta retoma o debate aberto por Platão e Aristóteles e seus comentadores, como sabemos também que leva a querela dos universais a novos desenvolvimentos que a escolástica não deixa de aproveitar, forjando assim, na penumbra, as questões e conceitos que em seguida a filosofia europeia na Idade Clássica irá luminosamente operar.

> Ao fazê-lo, alternando o conflito do realismo e do nominalismo, entre aqueles que conferem ao universal um status de realidade separado do sensível e os que o concebem, ao contrário, como o produto de uma abstração que se opera a partir de si, a filosofia árabe empreende a análise não apenas segundo os temas, mas igualmente segundo as *dobras* do pensamento grego: a oposição do empírico e do inteligível, da percepção dos sentidos e da intui-

ção das essências, dos diversos tipos de intelecto etc. E prolonga a distinção engajada entre os três tipos de universais: os que são *anteriores* à multiplicidade, tais como no espírito de Deus, enquanto seres inteligíveis (1); os que são *dentro* da multiplicidade, a título de seres físicos (2); e os que são *posteriores* à multiplicidade, a título de seres lógicos, tais como concebidos pelo nosso espírito (3). Isso é o suficiente para separar doravante, de uma maneira clara, como já fomos levados a fazer, entre, de um lado, o estágio do universal partilhado, "instanciado", *in re*, que é o do comum, e, de outro, o do universal abstrato, acerca do qual sequer nos perguntaremos mais se existe efetivamente.[3]

Em contrapartida, se, deixando de lado a lógica árabe, nos voltarmos para a religião islâmica, não veríamos desde já certa limitação, ou degradação, vir à luz quanto ao universal? Ou, digamos: um interesse menor? Em todo caso, é forçoso constatar que, se os pensadores do Islã se apaixonaram pela lógica grega, o mesmo não se daria com relação à ética; pelo menos, a aproximação operada pela Idade Média europeia entre a moral aristotélica e o monoteísmo, e promovendo a assimilação do Bem supremo, ou da Felicidade, à visão da essência divina – aproximação sobre a qual o tomismo construiu seu universal – permanece nos pensadores árabes, é o que nos dizem, tão somente esboçada.[4] Ora, a questão, uma vez instalado o paradigma cristão, não é tanto saber se o universal permanece o valor supremo, reivindicando para si toda a história humana e consumando-a (pois, evidentemente, o Islã permanece sob esse paradigma, tanto por sua concepção rigorosamente unitária da divindade quanto pela cena do Juízo Final abrangendo toda a humanidade); mas sim: terá sido *segundo* o universal, isto é, levada por sua exigência e com vistas a propagá-lo, que a pregação religiosa no Islã também foi concebida? Ou será que dados diversos, de ordem étnica, linguística, jurídica etc., mantêm-se atravessados na mensagem, singularizando-a assim de pleno direito, sem remorso nem sequer suspeita do que *nos* pareceria – "nós", isto é, na ideologia universalista contemporânea – marcar uma limitação?

Ao consultar meus amigos islamólogos a esse respeito, registrei, em primeiro lugar, dois pontos divergentes. De um lado, diferentemente do Evangelho (Cristo falando aramaico, mas o Evangelho sendo escrito em grego), a separação em relação à língua originária, o caso do Islã, não foi consumada e esta preserva incontestavelmente seu caráter de idioma: nele, a Nova da Revelação não foi deslocada e desenvolvida em outra língua a não ser a de sua pregação inicial. Ainda que os árabes tenham em seguida traduzido muitos textos gregos, a mensagem religiosa permanece em árabe e não parece preocupada com isso. Ela não passa desde os primórdios pela prova universalizadora da tradução; aliás, os primeiros versículos do Corão, presentes na prece diária, só podem ser recitados em árabe. Por outro lado, o Islã permanece aferrado à noção de profeta, e esta subsiste por sua vez associada à ideia de um povo e, portanto, de um particular. O profeta é de sua tribo. Decerto aquele é levado comumente a entrar em dissidência com esta para se ver mais bem reconhecido e voltar depois como triunfador, como Maomé. O que não impede que cada nação tenha tido, tenha e terá *seu* profeta, pois verdades tão marcantes não podem ser pronunciadas senão na língua dos envolvidos. Por contraste, que a natureza divina de Jesus, fazendo-o indistintamente homem e Deus (o que o Islã finalmente lhe nega), ou seja, inscrita no cerne do dogma cristão, retire deliberadamente Cristo da linhagem dos profetas, separando-o abruptamente de todo pertencimento étnico; e confira ao mesmo tempo a seu ensinamento uma universalidade que, por sua transcendência, extrapola incomensuravelmente quaisquer perspectiva e restrição humanas.

Quanto ao ensinamento religioso propriamente dito, vejo no que nos ensinam os islamólogos pelo menos duas razões primordiais que levam o Islã a desenvolver uma *preocupação menor* com o universal. A primeira é a importância da obediência à *sunna*, que é a tradição consagrada pelo Profeta e pelos primeiros representantes da comunidade. Fazer o bem não seria então concebido de maneira nocional (e sabemos que a moral islâmica tem um horror notório pela abstração), consistindo em pautar-se ao máximo à risca por exemplos igualmente veneráveis, a ciência do religioso vindo a se confundir com a da tradição: todos os mínimos detalhes da existência, a qualquer hora do dia, dispõem de um modelo a ser observado, consignado pelos juristas, com esse jurisdicismo partindo sempre do particular e deduzindo por analogia, em cada caso, a conduta a ser adotada. Portanto, a lei não é de essência puramente moral, é também um saber positivo, desenvolvido até nos gestos mais fáceis, mas cruciais para a retribuição da salvação: se essa lei exige igualmente ser amada e desejada por si mesma, como uma lembrança dileta da mais preciosa herança, ela não pode ter, em virtude disso, o caráter universalizador do amor, indiferente ao particular e tendendo a tudo confundir no seio de uma aspiração comum (por sinal, sabemos que os místicos, no Islã, sempre foram alvo dessa suspeita). A obediência, com efeito, é necessariamente pontual e feita de *distinguos*, sendo compreendida apenas de maneira detalhada, item a item; enquanto o amor (no que se resume todo o ensinamento de Cristo: Deus é amor) dissolve logicamente todo esse particular, fundando-o num movimento igualitário, indiferenciador, que ao mesmo tempo prevalece sobre ele e o abole.

A outra restrição islâmica dirigida ao universal residiria na prioridade concedida à comunidade, acerca da qual sabemos que tem duas faces: de partilha, mas também de exclusão. Por um lado, com efeito, que o dever comunitário seja considerado a exigência principal de acordo com a *sunna*, que os atos não tenham valor, por conseguinte, senão em relação a esse espírito comunitário reverenciado como a norma de tudo, coloca essa comunidade (*uma*) no princípio da comunidade islâmica. Por outro, essa comunidade, no Islã, é aquela fundada pelo Profeta sobre a base de instituições que, em sua simplicidade nativa, são ao mesmo tempo religiosas, morais e políticas; é a da única nação na Terra a ter recebido o privilégio da *sunna* e da qual se espera o triunfo; ela se funda num pacto de solidariedade (*walaya*) que, unindo o homem a Deus e excluindo toda outra crença, é também aquele firmado nos campos de batalha e que vemos incitar a guerra santa, esta nem por isso tendo como finalidade a conversão.

A fórmula de neutralização de todas as marcações, que Paulo colocava como princípio (nem grego nem judeu, nem escravo nem livre, nem homem nem mulher), vê-se assim abolida no Islã (o escravo pode ser libertado, mas sabemos a sorte reservada às mulheres mesmo no além). Até a história da Salvação, tema universalista, se o há, permanece inscrita na ótica particular do profetismo e de sua expansão mundo afora: ela permanece estritamente individual e não deriva de uma economia global como a introduzida por Cristo, novo Adão. O Islã, no fim das contas, sob esse ângulo, reata com o judaísmo e o cristianismo, entre os dois, colocando-se à parte por sua inspiração universalista que demarca a comunidade da Igreja de sua inscrição terrestre; o que, aliás, é corroborado ao mesmo tempo pela conexão deste com a filosofia grega (através da patrística) e sua demarcação de princípio em relação a toda instituição particularizante, territorial ou política.

3. O exemplo do Islã leva-nos, assim, a começar a separar estes dois planos: a universalidade lógica, de um lado, que se acha altamente desenvolvida; a universalidade dos valores, de outro, acerca da qual percebemos que não é mais o traço decisivo aos olhos de sua comunidade – esse retraimento e essa menor medida sendo reportados ao universalismo de Paulo. Não seria esta, retrospectivamente, a originalidade da Europa, ter pretendido alinhá-las uma sobre a outra, esta sobre aquela, superpô-las a ponto de querer identificá-las? Pretendendo pensar a ação segundo a universalização formal do conhecimento e dotando a lei moral apenas da necessidade racional, autofundando-se, da lógica – Kant é o desfecho disso. Duvida-se disso geralmente, a partir dessa *doxa* emanando doravante de uma informação mundial, mas torna-se historialmente importante esclarecê-lo: não haveria nisso uma radicalização própria ao pensamento europeu em sua depuração da moral de tudo que não derivasse exclusivamente da exigência de universalidade, elevado a absoluto não apenas do pensamento, mas também da conduta – isto é, depurando-a de tudo que derivasse da etnia, ou do sexo, da idade, do nascimento, do status social, da tradição etc.? O caso da Índia, em comparação, se o inscrevermos em paralelo, revela melhor ainda essa exceção europeia, de tal forma separa o mais manifestamente possível de toda universalização lógica a ordem social e os ideais implicados.

Os indianistas nos ensinam, com efeito, que a Índia desenvolveu determinado pensamento do universal (sobretudo na corrente do Nyaya-Vaisesika) e isso, como é bem lógico, opondo ao particular (*visesa*) o fato de ter uma característica comum (*samanya*) ou até mesmo uma propriedade (*sadharmya*) ou, de maneira mais vaga, alguma semelhança (*sadrsya*). O universal é assim definido, de forma genérica, e com vistas a operações de classificação, como a unidade que é a causa da concepção idêntica das coisas particulares, subsistindo eternamente em cada uma delas, expondo-se a que essa percepção do universal dependa necessariamente da percepção do particular ao qual é inerente. E isso faz com que haja debate e querela dos universais conforme os encontramos no Ocidente? A comparação foi tentada recentemente na própria Índia, mas, observemos, em inglês e, portanto, já segundo as categorias europeias.[5] Bastaria então ela provar que seus antigos pensadores fizeram da abstração conceitual o ponto de partida de seu pensamento, como é o caso de Aristóteles? A despeito de transposições e de recortes possíveis, teria sido *segundo* a mesma exigência que se desenvolveu sua reflexão? Pois sabemos que a aderência ao mundo subsistiu de tal forma, na Índia, que não se pode tomar um recuo a seu respeito e que nela não se desenvolve recorte entre o inteligível e o sensível: que lugar subsiste, portanto, para o desdobramento do conceito, entre *percepção* e *Revelação*? Madeleine Biardeau nos lembra muito a propósito esta distinção importante: a noção de universal e de necessidade lógica pode fazer falta justamente no momento em que a manejamos; podem assim desenvolver-se, na Índia, sistemas conceituais e não mais míticos particularmente complexos, sem que tenhamos por isso a ideia explícita e determinada do que seja um conceito nem de seu poder operador – legislador – em relação às coisas.[6]

Incontestavelmente, em contrapartida, sabemos que o sistema das castas impede qualquer universalidade ética na Índia. Pois é impossível não considerar previamente essas quatro classes ou "cores" que compõem a sociedade indiana, a dos brâmanes, dedicada às funções sacerdotais, guardiã da cultura "bramânica" e, portanto, da ordem social, passando pela dos príncipes e guerreiros (*ksatriya*), depois pela dos agricultores e comerciantes (*vaisya*), até aquela que se encontra na base da escala e, obedecendo às outras, não tomando mais parte nos ritos e mantida fora da perspectiva da Revelação (*sudra*; sem falar dos "sem casta", no limite do humano e do não humano; nem tampouco das mulheres, uma vez que renascer mulher, mesmo numa família brâmane, é também uma forma de expiação). Não apenas essa estrutura é hereditariamente (ritualmente) hierárquica, como, acima de tudo, instaura clivagens que, a princípio, são estanques ao mesmo tempo que inaugurais e fragmentam o pensamento moral segundo inúmeros estados distintos, o indivíduo, por sua vez, sendo identificado com a sua função social e só existindo através dela. Numa aldeia, há tradicionalmente dois poços, um para os puros, outro para os impuros. Não existe concepção ou ideal que possa transcender esses laços: o *dharma*, enquanto ordem global, sociocósmica, tal como estabelecido desde as primeiras cosmogonias, consiste no respeito a essa distribuição – e repetição – inexorável e não pode ser o mesmo segundo cada um dos grupos: estes servem de âmbito de identificação – e não apenas de especificação – a toda elaboração dos valores.[7]

Ora, procurar evadir-se dessa divisão funcional e de seu confinamento leva, por isso, ao caminho de um universal? Pois há, claro, na Índia, replica-se, e em primeiro lugar nos brâmanes, a aspiração inversa: cabe a ela, não se satisfazendo mais com os valores do mundo e rejeitando os ritos, procurar no Absoluto fora do grupo social, escapar à engrenagem das vicissitudes, das mortes e dos renascimentos e atingir a diluição no indiferenciado (*brahman*), alcançando assim a "libertação". Em primeiro lugar, não obstante, essa libertação não é entendida senão no contexto das classes, *varna*, superiores, e mais particularmente a dos brâmanes. Por outro lado, no momento em que o "renunciante", *sannyasin*, separa-se do grupo, ato individual, se é que o há, não seria para melhor afirmar sua individualidade, mas, ao contrário, para aboli-la: abandonando o mundo, ele abandona ao mesmo tempo tudo que fazia dele um *ego* para diluí-lo no Absoluto. Desaparece então também o universal, uma vez que desaparece toda determinação singular com a qual ele estaria em tensão e trabalharia, sem a qual ele não pode, portanto, existir, toda consciência por sua vez atenuando-se à medida que a libertação se aproxima. Nesse estágio, não há mais lugar para a constituição de algum plano de idealidade sobre o qual o universal possa se projetar, nem sequer para alguma totalização ou absolutização do sentido (uma vez que a vida agora não tem mais "sentido"): no que esse pensamento distingue-se radicalmente, em definitivo, do políptico dos Van Eyck. O que faz lembrar igualmente que o universal não tem pertinência ou não se entende senão como operador de dever-ser: que ele tem em vista não uma renúncia, mas uma superação (dos limites e restrições singulares); que ele está a serviço não de uma diluição-confusão, mas de uma promoção: promoção de essência, de justificação, de legalidade.

O Islã conquistou muito, mas nem por isso procurou converter. Na Índia, o caso é gritante. Nascido hindu, alguém carregará de maneira indelével esse pertencimento, além do de sua casta, sem superação possível, não tendo esse pertencimento sentido fora do contexto e do *dharma* indianos. Não que essa ordem dhármica circunscreva-se à Índia ou conheça alguma limitação de princípio, uma vez que ela é a ordem cósmica, mas ela não se estende para os próprios hindus, senão a partir da Índia, num modo autóctone, apenas no recôndito de seus textos sagrados e de sua tradição. Assim, a Índia considera-se à parte – *sui generis* – e não cogita exportar seus "valores": seu sistema de castas (ou a evasão em relação a elas) não é da ordem de uma posição de verdade, que discutimos ou comprovamos, que atacamos ou defendemos, é percebido como um dado imemorial que, como tal, seria exposto não ao rechaço, mas apenas à negação. Tampouco supõe poder ser contestado em seu seio ou preocupa-se em ser ignorado fora de si. Ao contrário, pretender levar o que quer que seja ao universal não apenas é descolá-lo de seus pertencimentos como promovê-lo ao estágio definitivo da verdade. Assim, o universal carrega em si, como uma exigência intrínseca, ter que ser exportado para assumir seu dever-ser, e não cessa de converter: todo não reconhecimento a seu respeito parece-lhe um questionamento intolerável de seu fundamento inabalável. Esta é efetivamente a história da Europa.

4. Por mais distantes que sejam esses mundos, a Índia e o Islã aproximam-se nisto: repousam ambos sobre uma ordem global – islâmica, bramânica –, invocando ao mesmo tempo uma Revela-

ção (Corão – Veda) e recomendando-se de uma Tradição segundo a qual todo o corpo social adere: aliança endógena, se ouso dizer, e que sequer necessita de justificativa – procurar evadir-se disso, não criticá-lo, também subentende manifestamente essa adesão. Nesta adquire-se suficiente coesão para manter suas dissidências dissimuladas: como então uma ordem ideológica desse tipo poderia sequer se preocupar com o que viria contestá-la de fora? Fundada no Rito ou na Lei, essa ordem unitária é inseparavelmente "religiosa", "moral", "social" e "política" (dependendo das clivagens e das categorias que são exclusivas da Europa), plasmando em simultâneo as concepções pessoais e os modos de vida comunitários. Aprisionada inevitavelmente numa história, nem por isso ela se fecha a toda historicidade, beneficiando-se de uma perenidade de princípio. Até mesmo a "filosofia", em vez de se reivindicar como discurso e prática autônomos, nela seria suspeita por ser inovadora (o que não significa que não seja), crescendo à sombra do religioso sem encontrar por onde afastar-se dele radicalmente nem dissociar em definitivo entre si crença e pensamento (para ficarmos nesses conceitos gregos: *pistis* e *mathesis*). Logo, essas culturas alimentam um sentimento de pertencimento forte o suficiente para não terem que sonhar nem com extrapolação a partir de seu fundo nativo; nem tampouco com subsunção, unificando do lado de fora uma multiplicidade ideológica díspar. Elas tampouco precisam forjar-se um ponto de tensão convergente, ao mesmo tempo justificativo e que transcenderia sua disparidade. Não precisam, em outras palavras, colocarem-se a questão do universal, pelo menos extrinsecamente à tecnicidade necessária à formalização lógica de seus conhecimentos.

Por outro lado, será que desconfiamos o suficiente desse hegelianismo fácil e sempre renascente no pensamento europeu, que busca introduzir sucessivamente as outras culturas apenas para bordejar exclusivamente o destino da Europa confirmando vantajosamente seu status de exceção? Ele próprio não prospera sobre a ilusão nascida da distância, levando-nos a negligenciar alhures, por ignorância, as mutações internas e as diversidades? Ou não haveria aí, efetivamente, detectável já de longe e formando critério, uma heterogeneidade diferente quanto à constituição das diversas culturas, a Europa, nessa escala, representando manifestamente um caso extremo? Vejo-me obrigado, quanto ao universal, a voltar à hipótese esboçada: a Europa sente tanto mais necessidade de valorizar o universal na medida em que se constituiu a partir de impulsos diversos, sem grande relação entre si, e que permanecem em tensão. Ou, para voltar a essa interrogação acerca da qual o caso do Islã ou da Índia enfatizou ainda mais nitidamente, por contraste, o quanto ela se nos impõe: que laço convém então supor retrospectivamente entre essas produções díspares, para nos atermos apenas a estas três: as do conceito grego; da cidadania romana; da salvação cristã? Essas exigências, tendo nascido de horizonte e planos diferentes (filosófico/político/religioso), os quais, por sua vez, não se recortam e inclusive tenderam cada vez mais intensamente a se autonomizarem, apenas a ideia de universal, que elas reivindicam cada uma segundo sua modalidade própria, daí a ambiguidade com que essa ideia permanece marcada, atravessaria essas linhas de força em tensão no seio da cultura europeia e lhes descobriria uma interseção ou reconciliação possível. Na falta de se diluir e se integrar numa concepção comum (nem o tomismo o fez), não encontram elas um ponto de convergência e associação?

O que nos permite prolongar a hipótese sugerida: o universal (cultural: o dos valores) não vem a ser pensado apenas quando a unidade ideológica de uma cultura é por demais falha e lhe é necessário erigir esse ponto de tensão ou de focalização ideal, forma esgotada de sua transcendência, para remediar isso? Assim, enquanto a Idade Média europeia não precisou promover o universal fora de sua lógica – a influência do cristianismo verificando-se suficiente para proporcionar sua coesão ao mesmo tempo religiosa, moral e política –, a questão do universal brota com mais intensidade na época moderna, uma vez que esta, em sua desconfiança a respeito do cristianismo, e não procurando ou não encontrando substituto para ele, experimenta-se como falta de integração ideológica e só descobre nesse ponto perigoso de seu pensamento, de promoção-postulação, com que restabelecer a coerência – essa "falta" (de integração ideológica) devendo, por sua vez, ser entendida antes, a meu ver, menos como um defeito do que como uma negativa fecunda, tal como a precipitou sua história.

5. Consideremos um último caso modelar: aquele, para completar a tipologia, de uma cultura que não se prevalece de nenhuma Revelação, mas cuja força de integração e de recentramento ideológicos é tal que ela se coloca no centro do mundo e considera seus valores como não restritivamente imitáveis – como indefinidamente exportáveis. Ela *sequer tem* que se colocar a questão de sua universalidade possível. É o caso da China. Ou melhor, para jogar luz um sobre o outro, consideremos esses dois casos, China e Japão, casos antagônicos mas prescindindo igualmente de colocar a *questão* do universal. Num, a universalidade cultural é inconteste, no outro, é extravagante. O Japão não se interessa por isso porque se satisfaz em sua localidade e a reivindica: recorre à sua insularidade, a seu clima, a seus terremotos, a suas planícies estreitas e às suas costas acidentadas (*fudô*, *hamato* etc.). Terra protegida dos deuses, à margem, com destino único. Longe de atenuar seu sentimento de adesão interna, o fato de dever reconhecer sua dependência cultural a respeito do grande vizinho reativa essa consciência identitária mediante confronto contínuo. Do ponto de vista dos próprios japoneses, o Japão é uma cultura do singular; a questão do singular não lhe fala.

Em contrapartida, estendendo-se a partir de seus grandes rios e suas vastas planícies, a China não encontra senão degraus em seu império, não vê neles mais do que margens – quando não o mar:

ela se vê a tal ponto como uma cultura da globalidade que considera isso desde sempre uma evidência tácita; e não tem nenhuma necessidade de produzir um conceito de universal para reivindicá-lo. O espaço que ela se atribui não é nada menos do que o "Sob o céu" (*tian xia*), desdobrando-se "no interior dos quatro mares", isto é, até o fim do mundo; seu soberano estende seu poder sobre todo o gênero humano. "O Filho do Céu é sem igual", dizem sobre ele, ninguém se lhe equipara; mais do que isso, "entre os quatro mares, ninguém pode recebê-lo segundo um rito de hospitalidade", uma vez que tudo "sob o céu" é "sua casa" e que não existe para ele lado de fora aonde ir (Xunzi, cap. "Junzi", início). Assim, "sejam quais forem as fronteiras que ele atravessa, os países aonde vai", "não se pode dizer que ele está lá, uma vez que tudo é sua casa..."

Na mais antiga coletânea de poemas da China, *Shijing*, já lemos: "Universalmente sob o céu/ Não existe nada que não seja terra do Rei" (*Xiaoya*, "Bei shan"). O que se traduz aqui por "universal" (*bo* substituído mais tarde por *pu*) significa "que não poderia encontrar limites" ou "indefinidamente espalhado": não pretendendo, propriamente falando, ao dever-ser, mas tampouco imaginando reservas diante de sua constatação. Através do hiperbolismo da fórmula, exprime-se não a invocação de uma necessidade, mas a não suspeita de uma alteridade (exterioridade) possível. Não se autorizando, com efeito, de nenhum verbo sagrado, não reivindicando, portanto, nenhuma Mensagem, não se fundando sobre nenhum Grande Relato, a China antiga não se considera predestinada, nem sequer apenas privilegiada; é apenas a única civilização que ela (re)conhece, tudo que a cerca não tendo ainda a alcançado: ainda não tendo se "achinesado".

Pois, em torno dos "principados do centro" que a constituem (*zhong guo*) e se distribuem, cada um preenchendo sua casa, segundo os pontos cardeais – a Leste, ao Sul, a Oeste, ao Norte –, são inúmeros povos e tribos diversas (os Yi, os Man, os Rong, os Di) que têm, cada um, seus costumes à parte: não amarram os cabelos, ou tatuam seus corpos, ou não cozinham sua comida, ou vestem-se apenas com peles, ou comem apenas grãos, ou moram em cavernas etc. (*Liji*, "Wangzhi", I, 1). Mas o que, mais importante ainda, distingue-os sob todos os aspectos dos chineses e os deixa nesse estado, bloqueando-os nesse estágio de pré-civilização, é que eles não possuem ritos. Ora, os "ritos" (*li*), tais como os chineses os entendem, não são reservados nem a um povo nem a uma casta, sendo as normas comportamentais que "canalizam" os desejos e ligam o investimento interior às formas polidas da conduta: como tais, estendem sua influência de uma ponta à outra de nossa atividade, da esfera do sacrificial até a polidez, passando pela etiqueta na corte e as amabilidades (mais uma vez, nossas divisões europeias do religioso/político/legal/moral veem-se confundidas). Correspondendo a toda circunstância da vida, bem como adaptando-se a cada patamar da hierarquia social, e logo "globalmente" válidas para proporcionar a regulação do mundo, eles não supõem nenhuma restrição à sua adoção: os outros povos, ainda não civilizados, estão apenas à espera dessa aculturação. Mêncio (III, A, 4): "Ouvi dizer que, recorrendo à chinidade, mudávamos os bárbaros, mas não o oposto." E até mesmo o Mestre (Confúcio), provavelmente decepcionado um dia com o pouco sucesso de seu ensino, propunha-se, não sem humor, ir viver entre os bárbaros do Leste: por mais rudes primitivos sejam estes, replica a seus objetores, "se apenas um único homem de bem", civilizado, um *gentleman*, lá se estabelecesse, "eles assim ainda permaneceriam?" (Confúcio, *Conversas*, IX, 13).

Portanto, a China não concebeu o universalismo num modo teórico, *a priori*, específico e prescritivo; mas num modo civilizacional e "humanista", e, como tal, não tendo que separar da experiência, pelo menos radicalmente, nada que a transcendesse. Logo, não foi levada a considerá-lo categoricamente nem como um universalismo lógico produtor do conceito, nem como um universalismo jurídico decretador da lei (o que não são na China as "normas", *fa*, de recompensa e de castigo), nem como um universalismo redentor, ao mesmo tempo o mais inacreditável e o mais aberto a todos, uma vez que exigindo de cada um a mesma ruptura brutal da Fé, bem como indiferenciando as nações, os gêneros e as condições. Mas atribui-lhe como fundamento a "natureza" (*xing*) na qual todos os homens têm sua origem. Nesse sentido, o humanismo confuciano revela-se em estreita afinidade com o humanismo latino, ciceroniano e pré-cristão: a propósito, como se espantar com isso, uma vez que ambos visam menos a construir e isolar um plano de idealidade do que a se apoiar exclusivamente na obra, manifesta, da civilização? Isso porque eles pertencem a dois impérios e duas épocas, nas duas pontas do grande continente, onde uma cultura julga poder estender-se indefinidamente ao mundo habitado, ou pelo menos urbanizado e protegido por suas fronteiras (*limes* de um lado – "Grande Muralha" do outro), sem encontrar a resistência de uma verdadeira alteridade, e em virtude apenas de sua pujança institucional, moral e política.

De ambos os lados, a travessia das diferenças assume tamanha amplitude, expande-se por uma escala tão vasta, que dá direito a examinar a unidade humana. Confúcio: "Os homens são próximos pela natureza (*xing*), mas afastam-se uns dos outros pela prática" (*xi*; *Conversas*, XVII, 2). Precisamente o que diz Cícero (*De legibus*, I, 29), opondo a *natura* ao gosto pelos "hábitos", *consuetudines*, e desenvolvendo a mesma ideia de uma vocação do homem enraizando-se na ordem do mundo e contribuindo para promovê-lo. Porém, ao passo que, no Ocidente, o cristianismo recobriu esse humanismo civilizacional abrindo abruptamente o horizonte humano para o absoluto da Mensagem e o universal de um plano de Deus (da Salvação), na China, em contrapartida, esse humanismo não se viu perturbado por nenhuma Revelação (sequer o budismo, vindo da

Índia). Ele não conhece Relato senão o de sua própria história e pôde atravessar os séculos, até o fim do XIX (até a chegada maciça do Ocidente), sem ser incomodado – o mundo inteiro, moral e físico ao mesmo tempo (ambos não se dissociando), obedecendo, por sua vez, a "regras constantes" que ele possui intrinsecamente (Mêncio, VI, A, 6, citando o *Clássico dos poemas*; cf. Cícero, *De finibus*, passim). Assim, a humanidade não forma naturalmente senão uma única comunidade cuja vocação não é outra a não ser cultivar essa própria humanidade ("aliança do gênero humano inteiro", diz Cícero; ou: "Entre os quatro mares, todos os homens são irmãos", *Conversas*, XII, 5).

Compreendemos então por que os chineses, assim como os latinos, apaixonaram-se notoriamente tão pouco por um universal puramente lógico: pois por que teriam eles que deixar a experiência para fundar sobre outro plano – das essências – a universalidade que sua civilização, em seu esplendor, por si mesma revelou? Analogamente a essa perspectiva civilizadora, a operação de conhecimento consiste ela também, na China, em passar do "local" ao "global" (*Yi qu/da li*, Xunzi, "Jie bi", início): em não se deixar obnubilar por um "canto" ou um aspecto das coisas, para abrangê-las em seu conjunto. Pois, uma vez estabelecidas as distinções de gênero e de espécie úteis às classificações do saber, os chineses não viram interesse em ir além para extrair da multiplicidade do diverso uma unidade ideal fundando uma necessidade de princípio; mas eles aspiram a desdobrar sua visão das coisas para torná-la coextensiva, o mais longe possível, tanto em espaço como em duração: "Sentado em sua sala", o Sábio "vê tudo até os quatro mares"; "conhece a corrente e a trama do Céu e da Terra e governa os dez mil seres" etc. (*Yi qu/da li*, Xunzi, "Jie bi", início). Para alcançar esse estágio, ninguém precisa de uma ascese intelectual que despreze o sensível e eleve à abstração do teórico, sendo necessário, em primeiro lugar, tornar seu espírito disponível "esvaziando-o", "concentrando-o", "serenando-o". Pois é apenas quando ele não está abarrotado –

não dispersado – não perturbado que ele pode refletir espontaneamente a configuração das coisas e conhecer "igualmente" – sem mais "parcialidade" – todos os existentes.

À competência limitada ao particular opõe-se a ampla administração do geral. "Ainda que dominasse profundamente seu ofício de agricultor, um camponês não poderia ser Diretor da agricultura; ou, ainda que dominasse profundamente seu ofício de mercador, um negociante não poderia ser Diretor dos mercados; ou, ainda que dominasse profundamente seu ofício de artesão, um operário não poderia ser Diretor do artesanato." Ora, há outros homens que, sem serem peritos nesses ramos, podem agir de modo a que estes sejam bem administrados: eles são peritos no que se refere ao "caminho", *tao*, e não num determinado assunto; em vez de se isolarem numa administração particular do particular, eles se elevam ao ponto de vista do conjunto (*Yi qu/da li*, Xunzi, "Jie bi", início). Eis que, com esse apelo para passar de um nível ao outro, um desdobramento desse tipo poderia lembrar o início da *Metafísica* de Aristóteles, preconizando a superação do empírico pelo saber universal e causal da "arte" (técnica) e do teórico. Ora, ao contrário, nele percebemos precisamente como é o pensamento do *tao*, o "caminho", como pensamento da viabilidade das coisas e de seu funcionamento integrado, que bloqueia o desenvolvimento da abstração. Pois a unidade encarnada pelo *tao* é aquela que atravessa e faz comunicar-se do interior a multiplicidade das coisas e das situações (logo, não pode ser apreendida senão sob a amplitude do olhar, cf. *Conversas*, IV, 15), mas não aquela que seria erigida em forma unitária da representação (como universalidade do conceito). Eis por que a ambição consiste aqui na gestão do mundo, como obra de civilização, e não a de um puro projeto de conhecimento: mundo de letrados-funcionários – *guan*, "função", conclui-se aqui –, e não de filósofos.

IX. Existem noções universais? Status ideal de um universal cultural

1. Devemos por isso nos ater a esse primeiro panorama e primeiro balizamento? Do ponto de vista do "inquérito" engajado, *historia*, a questão do universal ainda precisa ser apreendida por outra extremidade. Pois para que a exigência de universalidade não seja desenvolvida e refletida nas outras culturas, como na europeia, não basta questionar sua pertinência e legitimidade. A questão brota novamente, esperada, desse outro lado: não haveria, não obstante, noções universais que encontraríamos como tais na base de todas as culturas, e isso ainda que outras culturas não tenham com elas pensado – abstraído – o modo de universalidade? Noções-pedestais, diríamos, na raiz de toda inteligência humana, constitutivas do trabalho mesmo do pensamento: a maneira como nós, os homens, todos os homens, *a priori*, tomamos consciência da existência e representamos necessariamente as coisas. São elas que estruturam o espírito humano. Como tais, vamos encontrá-las logicamente de uma língua para outra. Assim, são o "Ser", a "verdade", o "tempo" etc.

Na medida em que tais noções e representações básicas são consideradas como *não podendo deixar de* ser apresentadas em todas as culturas, ao menos implicitamente, serão designadas não apenas como comuns (do ponto de vista da partilha) ou gerais (em virtude de uma constatação extensiva que nunca seria contrariada), mas propriamente (estritamente) "universais", uma vez que implicando um dever-ser – convém, de maneira não condicional, e sem que sequer tenhamos de verificar, estabelecer essa necessidade-universalidade de princípio; esta tem um status axiomático. Correndo o risco, caso contrário, de pôr em perigo toda comunicação e compreensão entre os homens: de pôr em perigo, por conseguinte, toda a humanidade. Considerando tudo que esse debate engaja, que não apenas é filosófico, como também, muito mais amplamente, moral e político (deixar essa posição universalista não é soçobrar imediatamente no relativismo, que não apenas sempre é inconsequente consigo mesmo como também desviante ideologicamente, desembocando no neocolonialismo, ou pior ainda?), parece preferível decidir prontamente pela afirmativa. Parar a discussão neste ponto; instaurar determinada medida ou cláusula de salvaguarda (do humanismo) fixando esse limite para a especulação aventurosa: fechemos o canteiro de obras em virtude da impraticabilidade anunciada e atenhamo-nos a esse prescritivo...

Que posição adotaríamos, aliás, para abordar a questão se quiséssemos ignorar essas recriminações? Pois como poderíamos introduzir alguma reflexividade diante dessas noções quando é a partir delas, através delas, *em seu vazio*, que pensamos que praticamente não temos distância em relação a elas? Ora, creio ser aqui, não obstante, que a sinologia pode fornecer um apoio único. Com efeito, ela proporciona essa exterioridade do ponto de vista – repetirei mais uma vez aqui suas condições espantando-me que não se tenham tornado agora mais visíveis: que esse uso *metódico* da China tampouco tenha ferido o autoconforto da filosofia. Pois os pensamentos da China e da Europa desenvolveram-se durante muito tempo independentemente um do outro, seus dois mundos não se comunicando (a não ser de maneira muito indireta, no que se refere a bens materiais, pela Rota da Seda). Ignoraram-se de fato até o século XVI (quando as primeiras missões de evangelização desembarcaram na China, mas elas próprias terão pouca influência) e, portanto, majoritariamente, até o século XIX (com a abertura imposta dos portos chineses e o início de uma ocidentalização compulsória). De um lado, as duas línguas, a europeia e a chinesa, são estranhas uma à outra – diferentemente da língua da

Índia, que se comunica com a Europa através do indo-europeu (as mesmas raízes e categorias gramaticais encontrando-se do grego ao sânscrito). E, de outro lado, não podemos suspeitar, entre esses mundos, relação histórica de influência ou de contaminação – ao contrário dos mundos islâmico ou hebraico, que estiveram em intercâmbio cultural contínuo com o que viria a ser a Europa: o Corão integra Jesus como profeta, e a Idade Média europeia redescobriu Aristóteles nas traduções árabes.

Ao mesmo tempo, a China é um mundo de pensamento tão desenvolvido, textualizado, explícito e comentado quanto a Europa: a inter-relação poderá então ser igual e simétrica (diferentemente da dessimetria na qual operam os antropólogos que escolhem como terreno populações isoladas que não desenvolveram escrita e são praticamente sem história). A China, em suma, fornece um caso de experimentação ideal, porque puro ou não suspeito, para provar a universalidade dessas noções "básicas", que consideramos como evidentes, por meio das quais pensamos, não podemos não pensar, com a possibilidade de voltar em seguida a elas para questioná-las e criticá-las, mas sem jamais *cogitar* delas nos desvencilharmos; e que estabelecemos então sumariamente como "universais".

Recapitulemos, para delas extrair um ensinamento, algumas noções que já tive oportunidade de abordar em meu trabalho. Consideremos a esse título a noção de "ser", ponto de partida do pensamento da Europa, desde os gregos (desde Homero). Nela, "ser" ou "não ser" (*to be or not to be*) forma por excelência a alternativa lógica, mas também dramática; da mesma forma que nela a oposição do ser e do devir (*einai/gignesthai*) constitui a linha divisória a partir da qual se desenvolveu a ontologia, via régia da filosofia. Ora, ao mesmo tempo em que não podemos não pensar fora desse recôndito do Ser (já que nosso pensamento articula-se nele), somos conscientes de que o ser se manifesta "em diversos sentidos" e em primeiro lugar nos de existência ("é") *ou* de predicação (ser isso ou aquilo ou de determinada maneira). Esses sentidos convergiriam para uma mesma unidade (*pros hen*, como foi sustentado de Aristóteles a Lesniewski) ou permaneceriam estranhos um ao outro, fonte, por esse motivo, de confusão? (Russell: é um "infortúnio da raça humana" ter escolhido usar a mesma palavra "ser" para dois empregos tão diferentes, como predicação e identidade.)[1] Porém, precisamente, trata-se realmente aqui da "raça humana" ou antes de uma coisa grega, que "nós", na Europa, herdamos? O chinês clássico, por sua vez, diz separadamente o "é" (*you*) ou o "enquanto tal" (*wei*) ou a "existência-subsistência" (*cun*) e conhece igualmente a função de cópula (*ye*). Mas não diz (não pensa) o Ser no sentido absoluto (*haplos*, diz Aristóteles): o ser como "gênero", aquele do qual todos os outros gêneros devem participar para serem ditos "entes" (Platão já no *Sofista*); ou o do ser "enquanto ser" (*on he on*) e do qual a filosofia, desde Aristóteles, arvora-se a ser a ciência. O pensamento chinês não pôde colocar, ou melhor, *não teve que* colocar a questão que nos parecia, não obstante, até aqui inevitável: a do *ti esti*, ou "o que é isso?".

É aconselhável, portanto, em vez de nos contentarmos com respostas consideradas de "bom senso", respostas convencionais, dadas sumariamente, que nos tranquilizam, engajarmo-nos numa prudente e paciente análise que, por conseguinte, deixa de ser um assunto exclusivo de sinologia, passando a se revestir de uma importância decisiva para a compreensão do nosso próprio pensamento e de seus possíveis. O que ocorre então com a "verdade"? A China pensou efetivamente a "adequação" circunstancial (*dang*, sobretudo entre os mohistas). Mas porque não pôde ampará-la no Ser, nem estabelecê-la sobre um plano de eternidade, nem sustentá-la mediante um puro projeto de conhecimento (tendendo, como nos gregos, a assimilar a sabedoria à ciência, *sophia* a *episteme*), concedeu o primado, em contrapartida, ao que denominamos tão limitadamente na Europa de "circunstância" (*quan*; cf.

Confúcio, *Conversas*, IX, 29). Não fez dela a Verdade, como visada primordial da filosofia – "não pôde" não sendo naturalmente aqui a expressão de uma falta, mas a abertura de um outro possível.[2] O termo em chinês clássico que melhor podemos traduzir por "verdadeiro" significa antes "autêntico" (*zhen*: no sentido de sentimentos ou de uma natureza verdadeiros; o "homem verdadeiro", *zhen ren*, é, sobretudo no taoismo, aquele que soube alcançar uma perfeita disponibilidade interior e não conhece mais obstáculos ao desabrochar de sua existência). Ou então os chineses manejaram o juízo disjuntivo: "é isto"/"não é isto" (*shi/fei*: verdadeiro ou falso, bem ou mal), mas logo desconfiaram, a partir da formação de suas escolas de pensamento, na Antiguidade, da perda que fatalmente ocasionava, do ponto de vista da "globalidade" da sabedoria (da plenitude harmônica do *tao*), o conflito – estéril – das posições (como não cessa de denunciar Chuang-tzu). O que, certamente, não significa que os chineses não puderam (souberam) distinguir o verdadeiro do falso, mas que não foi *sob esse ângulo*, o da Busca da verdade, que desenvolveram suas concepções.

Já há aqui com que inquietar a filosofia: alguma coisa turva-se em nossas evidências aceitas, começando a abalar a linha divisória entre o universal e o singular. E isso vale também como advertência: para entrar no pensamento chinês, convém seguir o desenvolvimento de suas noções e de seus questionamentos sem pressupor que seus modos de coerência coincidam sumariamente com os nossos na Europa. Renunciemos a essa representação ingênua: não existem noções universais, de um lado, e suas variações ocultas, de outro. Pois não são apenas nossos grandes filosofemas que não encontramos tais quais do lado chinês, mas inclusive noções entre as mais genéricas e que julgaríamos "invariantes", como a de "tempo". Já tive oportunidade de mostrar que os chineses haviam pensado, de um lado, a "estação" (momento – ocasião – circunstância: *shi*), de outro, a "duração" (*jiu* – acoplando-se com o espaço, inclusive nos mohistas), mas não a noção de um tempo homogêneo abstrato, separado do curso dos processos, tal como os gregos o conceberam simultaneamente a partir de uma física do movimento dos corpos e de seu deslocamento no espaço (Aristóteles) e de uma ruptura metafísica com a eternidade do Ser (Platão – Plotino) ou de Deus (Agostinho); e tal como a declinamos comumente na conjugação que marca tempos diferentes – a língua chinesa não se conjuga.[3]

Isso significaria que os chineses tiveram apenas sua noção implícita, como sugeriram alguns sinólogos, não podendo admitir que os chineses não tivessem tido esse "conceito universal" de tempo? Mas então por que não o teriam desenvolvido? (E não foi antes seu pensamento dos processos e do transicional que o bloqueou?) Ou isso não enfatizaria, por contraste, o que conserva de enigmático e de paradoxal, na Europa, o pensamento do tempo, a partir do que ele construiu e que o apaixonou: sua existência "obscura", diz Aristóteles, uma vez que ele é um "divisível" – entre os diversos tempos – mas cujas "divisões" não existem, o presente não passando de um ponto de passagem, sem extensão, logo, sem existência, entre o passado que não é mais e o futuro que ainda não é? Como prova dessa defasagem, em todo caso, o fato de que chineses e japoneses viram-se obrigados a traduzir a noção ocidental de "tempo" quando encontraram o pensamento e a ciência ocidentais, no fim do século XIX ("tempo" sendo então traduzido pelo "entre-momentos", *shi-jian* em chinês, *ji-kan*, em japonês); e o mesmo acontece com a tradução difícil, e às vezes ainda debatida atualmente, do "ser", ou do "ontológico", ou da "verdade", ou do "ideal", ou da "vontade" etc. Em contrapartida, permaneçamos vigilantes em relação a este fato: quando, numa tradução francesa do chinês clássico, encontramos os termos "verdade", "ser", "tempo", "ideal", "vontade" etc., como frequentemente ocorre, não é que o termo chinês deva ser, evidentemente, traduzido dessa forma, mas que uma assimilação já se realizou para melhor cunhar o sentido estrangeiro em nossa língua, *já* nos fazendo entrar no quadro mental de suas possibilidades e de nossas expectativas teóricas, gerando assim, a baixo custo, mas indevidamente, a ilusão de universalidade.

2. Que toda tradução seja traição, como diz o adágio, em si mesmo não diz tudo. Confissão ou concessão, a fórmula continua insuficiente: pois trata-se apenas de fidelidade (à qual teríamos faltado). Traduzir, sobretudo entre duas línguas e culturas que se ignoram, instala-nos nessa zona aventurosa e muda, onde o que veiculamos como a evidência de nosso pensamento redescobre-se subitamente, no espelho do outro, aprisionado num novelo de escolhas estranhas; ao mesmo tempo em que nunca disporemos, até o fundo desse incômodo, de um ponto de vista exterior, de uma visão de cima ou, quando não, apenas de um recuo que permita considerar ambos ao mesmo tempo. Estamos numa língua *ou* na outra – não existe tampouco pré-língua, assim como não existe pré-mundo. Essa outra língua – outro pensamento nos faz tomar um recuo em relação às nossas, mas para logo – ou melhor, já – nos fazer cair na rede de suas exigências: não há *medium* a esperar, em outras palavras, como "entre-línguas"/"entre-pensamentos". A questão da tradução volta-se, em virtude disso, para a do universal: a partir do momento em que não podemos mais acreditar, de maneira simplista, que existe uma correspondência de princípio entre as culturas, como conceberemos a "passagem" entre elas?

Sem poder contar com *invariantes* que nos forneçam uma universalidade *dada*, propomos recuperar esta encontrando ou produzindo *equivalentes* do outro lado. Ora, essa equivalência, de uma cultura a outra, seria por sua vez atribuível? Já sabemos que ela não poderia ser direta, que, quanto mais pregnantes as noções no pensamento coletivo, mais elas se veem aprisionadas numa perspectiva que se acha elaborada pela língua e por seu uso, da qual não nos descolamos e que não saberíamos transpor. Usei precedentemente outro exemplo, em chinês clássico, o termo *zhen*. Que eu o traduza por "verdadeiro" como é comum fazê-lo, e ei-lo mergulhado, sumariamente, em banho europeu, transformado numa coisa totalmente diferente: ele coagula instantaneamente em si um desejo de conhecimento – ou pelo menos deixa-se contaminar por essa espaçosa vizinhança – que não tem mais nada a ver com desprendimento taoista, justamente do que este desconfiava acima de tudo. Assim também acontece com "Céu" (em Chuang-tzu): ele não significa alguma Exterioridade de princípio em relação ao nosso mundo, mas antes seu curso absolutamente natural e não compulsório; ou do "alimento celestial": ele diz não o Maná, mas a alimentação vital mediante a remoção de tudo que entrava, a título de excitações exteriores, a renovação de nossa vitalidade etc.[4] Donde seremos obrigados a retrabalhar tal noção de equivalência concebendo-a não tanto como analógica, fundada na semelhança e no recorte, mas como *funcional*. Isso significa que faremos a representação encontrada de um lado sofrer todas as transformações e reformulações necessárias – *mutatis mutandis*, diz a fórmula consagrada – até que se depare com uma problemática de ordem existencial que desempenhe o mesmo papel, do outro lado, e possa pelo menos de certa maneira se consumar.

Desafio primordial e que, além disso, é um exemplo: seríamos incapazes de encontrar na Índia, segundo os indianistas, um equivalente direto da noção de direitos humanos que a Europa estabeleceu como universal. Por outro lado, se fizermos essa representação europeia passar pelas mutações e reconfigurações convenientes, encontraremos necessariamente na cultura indiana – necessidade sem a qual não seria possível haver verdadeira universalidade – uma representação que lhe corresponda (cf. Raimundo Panikkar[5]). Temos então que investigar o que, na cultura indiana, pode satisfazer uma "necessidade existencial" equivalente, principalmente perguntando-nos como a representação de uma "ordem social e política justa" pode fazer parte dela. Ao que farei duas observações.

Em primeiro lugar, uma representação mais ampla, desvencilhada do exclusivo horizonte europeu, como seria aquela, nos dizem, de uma "ordem política e social justa", consegue com isso assegurar efetivamente a transição? Em outras palavras, teria ela sofrido para tanto as suficientes modificações e os desdobramentos necessários? Ou os planos disjuntos do "social" e do "político", assim como a noção de "justiça", ainda não estão marcados por uma concepção própria da Europa? Ora, seria possível ir mais longe no alargamento de uma fórmula que ainda dissesse alguma coisa? Por outro lado constato que, uma vez estabelecidas essas considerações de método, quando se volta precisamente para a Índia a fim de considerar qual pode ser ali efetivamente o pensamento dos direitos do homem, Raimundo Panikkar não deixa de se confinar na noção do *dharma* indiano, acerca do qual sabemos como é indiferentemente cósmico e humano, bem como indelevelmente marcado pelo pertencimento de casta: sem mais poder, por conseguinte, fazê-la comunicar-se com a noção europeia, estabelecida conforme esta se achava, contudo, no início como universal. Posta à prova, submetida à exigência de curvar-se às concepções indianas, a busca desse equivalente cultural, mesmo funcional-existencial, vê-se esquecida no caminho.

Não que não seja possível, acautelemo-nos, elaborar uma comunicação entre culturas, ainda que por muito tempo estranhas uma à outra, mas convém primeiro avaliar o *mal-entendido* que se introduz fatalmente entre elas, ou que pode ser corriqueiramente (ingenuamente) promovido, a partir do momento em que julgamos poder estabelecer uma correspondência entre noções sem considerar mais amplamente as perspectivas particulares nas quais estas se inscrevem de um lado e de outro. Consideremos, por exemplo, essa disjunção nocional do "há"/"não-há", tal como preside ao pensamento de Lao-tsé (*you/wu*). Haveria algum problema em lhe dar como equivalente funcional, revestindo-se para nós de uma importância análoga, a oposição entre "ser" e "não-ser"? Ora, esta conduz manifestamente a um impasse quando a projetamos em terreno chinês. Após ter valorizado a função do vazio (do eixo da carroça que permite à roda girar, do vazio do vaso que lhe permite conter, das portas e janelas do aposento que lhe permitem ser habitado), Lao-tsé conclui com efeito: "No nível do há, isso vale como lucro/ no nível do não-há, isso vale como funcionamento" (§11). O que é geralmente traduzido: "O Ser dá possibilidades/ É pelo não-ser que as utilizamos" (tradução de Liu Kia-hway; tradução análoga de François Houang e Pierre Leyris: "O Ser tem aptidões/ Que o não-ser emprega").[6] Transposta na língua do Ser, a fórmula cai inevitavelmente na contradição (leva então, como única saída possível, a uma leitura mística à qual o Ocidente, como alívio para o que seria sua pesadíssima lógica da não contradição, entrega-se feliz da vida). A partir disso, em contrapartida, constatemos que a negação em jogo, inscrevendo-se numa lógica dos processos e não ontológica, significa o "não-há [atualizado]", como o vazio que as imagens precedentes acabam de evocar, e não um nada de ser, isto é: o "funcionamento" permanecendo difuso no nível do vazio que, dessaturando, reata a comunicação (no nível do Fundo indiferenciante-harmonizante: *wu*), manifesta-se (concretiza-se) como "lucro" particular no estágio de cada "há" individuado. Como não cessam notoriamente de apontar as *Artes de pintar* da China antiga, o "vazio" (ou melhor, o esvaziamento) do "não-há", deixado em branco pela linha, é o que permite ao "pleno" do "há" (de figurado) exercer seu efeito pleno.[7] Em contrapartida, ter acreditado na universalidade *a priori* da noção de Ser e ter julgado que uma equivalência funcional bastava para fundar o recorte torna a fórmula ilegível.

O *invariante* supõe uma universalidade de princípio, vertical, sobranceira, acerca da qual vemos sem dificuldade que remete a uma metafísica tranquilizadora da coisa mesma, ou do núcleo de ser, cujas variações culturais seriam as qualidades secundárias ou as diversas vestimentas. O *equivalente*, por sua vez, não projeta mais senão uma universalidade transversal, ao detectar nas duas culturas um ponto de recorte possível a partir do qual elas se instalem em perspectiva e se alinhem: no trecho mais propício, ele junta as margens, faz ponte entre elas.[8] Entretanto, essa representação da ponte, tão cômoda (seria possível inclusive dela prescindir?), não cederia com excessiva facilidade, por sua vez, a uma imaginação sugestiva, a de duas culturas tais que já se acham face a face – encarando-se – e já se veem? Pois o risco não é apenas de o efeito de equivalência permanecer ilusório, a partir do momento em que é abstraído do contexto, e "as semelhanças de detalhe" serem "enganadoras", nos dizem igualmente os indianistas, "no caso de isoladas de conjuntos heterogêneos".[9] Mas, acima de tudo: entre duas culturas que se ignoraram durante muito tempo, a dificuldade a transpor não é tanto a da diferença do que chamo *indiferença*. Não que a distância seja muito grande (porque é "tão longe" etc.: a tentação do exotismo), mas não há sequer medida comum – a que minimamente o universal emprestaria – para medi-la. Nenhum contexto comum, dado previamente, no qual fazer atuarem o "mesmo" e o "outro": essas duas culturas não se falam e *sequer se olham*. Quando Raimundo Panikkar procura no *dharma* indiano um equivalente para os direitos humanos, é principalmente nisto que ele tropeça: do ponto de vista do *dharma*, a concepção (europeia) dos direitos humanos permanece "indiferente"; não é que o pensamento indiano vise criticá-la, ou mesmo sequer pense em suspeitar dela, mas esta não o interessa em nada.

Os especialistas em civilizações remotas evocaram isso frequentemente nas franjas de suas obras, quando se concedem o tempo do recuo e se debruçam sobre seu "ofício". São preciosos esses suspiros e esses solilóquios: quanto, para quem "viveu longamente no seio de uma civilização estrangeira à nossa", esse trabalho de penetração ainda subsiste "lento e difícil"; quantos "erros de interpretação é preciso cometer" antes de ter a sensação de que começamos a compreender, devendo "esquecer tudo que antes parecera óbvio"...[10] Pois, quanto mais desconfiamos de aproximações fáceis, mais parece arriscado julgar "passar" seguindo *os mesmos fios* (manipulados pela universalidade) de uma margem à outra – ainda que tivéssemos a prudência e a destreza de um acrobata. Tal continuidade não existe. Subsiste uma ruptura, irredutível, de "imersão" ou ambiência, entre esses setores defasados: assim, verifica-se inevitável desconstruir aqui e reconstruir ali, *de-* e *re-*categorizar; a despeito da iniciativa de comparar (ora, toda tradução necessariamente implica isso), deveremos igualmente *des-*comparar, pelo menos mediante o comentário, para deixar entrever esse resíduo de incomparável que, ao ser traduzido, foi dissimulado.[11]

Normalmente, contudo, ao contrário do que vemos nos antropólogos, que, por sua vez, teorizaram amplamente sua prática, essa condição de trabalho é pouco refletida pelos próprios orientalistas, embora fornecida à guisa de observação ou de confidência; eis por que a filosofia, até aqui, pouco a levou em conta. Via-se dispensada disso. Experiência que permanece implícita, nascida de uma infinidade de correções e acomodações silenciosas, empreendidas dia a dia e formando *habitus* – o que acabo de chamar de *ofício*: foi necessária a paciência de uma vida inteira, de uma assimilação contínua e discreta, de uma infinidade de pequenas "mexidas", para gerar essa conivência em que o entendimento se dá através de meias palavras, entre especialistas, a despeito das traduções forçadas. Quando eles transformam o "há"/"não-há" de Lao-tsé na oposição entre ser e não-ser, "sabem muito bem", de um saber que todavia não procuram sondar, que essa tradução é carente, não é adequada, ou melhor, não passa de um viés e que convém ouvir "outra coisa" nela. Ora, por que não considerar mais longamente essa resistência, vendo nisso menos um obstáculo que uma fecundidade, e não esperar encontrar nessa resistência, ao contrário de uma emboscada, um benefício para o pensamento? Pois a questão de uma universalidade das culturas não poderá, por sua vez, ser seriamente considerada senão quando tivermos feito a experiência dessa dificuldade, bem como tirado partido da luz – única – que ela lança sobre o debate; seguramente, sem a experiência dessa resistência, este não existe.

3. Recapitulemos, com efeito, alinhando friamente essas razões. Que a *questão* do universal seja colocada como tal – e, a bem da verdade, imposta: coercitiva, imperiosa — exclusivamente no contexto europeu, ou pelo menos ali se tenha visto privilegiada sob seus diversos aspectos, bem como a invenção do conceito, o status jurídico do cidadão ou a economia de um plano de Deus; que tenhamos dificuldade, por outro lado, em identificar noções que, através da disparidade das culturas, despontam *de imediato* como universais, ainda que sejam representações primordiais: o "Ser", a "verdade", o "tempo" etc.; que não tenhamos sequer mais certeza de encontrar, em cada caso, na falta de invariantes, equivalentes que façam ponte de uma à outra, as perspectivas engendradas pelas diversas culturas não podendo deixar de se separarem com igual facilidade das línguas para revelar um ponto passível – indubitável, porém (mas em que plano situá-lo?) – de recorte: todas essas razões que vemos empilharem-se negativamente contra ele perpassando as culturas, e as quais a filosofia, devo dizer, ignorou solenemente até aqui, bastariam para tornar caduca a noção de universal e para doravante condenar seu uso? Para fazer dela nada mais que um velho sonho totalitário da filosofia que admitiremos um tanto delirante e que é hora de esquecer? Caso contrário, sobre o que o universal ainda pode fundamentar-se? Ou, dito às avessas: o que já vemos eclodir do universal que não poderá ser posto em processo – em que todas essas relativizações empreendidas ao mesmo tempo de dentro e de fora da cultura europeia tropeçam?

Pois vemos todas as reivindicações de uma singularidade cultural, elas que fazem ouvir cada vez mais alto sua voz mundo afora, virem tropeçar neste ponto: uma vez surgida, ainda que numa única cultura (a europeia que nela hauriu sua força), ou pelo menos por ela explicitada, a exigência de universalidade não é mais desprezível. Ou, se há efetivamente à primeira vista algo de libertador e mesmo de feliz, de jubilatório (desse júbilo resgatado das primeiras eras), a se conceber finalmente desvencilhado desse dever-ser presumido do universal, não reconhecer, todavia, que esse ponto de mira está doravante inscrito na história do mundo recai inevitavelmente na negação. Podemos desconfiar dessa pretensão à universalidade, criticá-la, denunciá-la, romper com ela, nem por isso sua exigência se dilui. A presunção mal assumida (por parte da Europa) não anula em absoluto a necessidade que ela obriga a reconhecer: não adianta todas as representações do universal caírem sucessivamente, caducas, o *conceito* do universal, quanto a ele, permanece em expansão. Ainda que o universal fosse esse significante vazio – cujos preenchimentos sucessivos se revelassem, assim que lançássemos sobre eles um olhar retrospectivo, a tal ponto transitórios e contingentes, não permitindo mais sequer a ilusão sobre seu caráter hegemônico – não deixaríamos de perceber que esse vazio que lhe é recriminado não o impede de operar. Ou melhor, é antes o contrário que é verdade e do qual o universal extrai sua força de resistência: é o vazio mesmo, que nenhum significado preenche nem satisfaz, que faz com que ele ainda opere.

Assim, mesmo que hoje não se duvide mais de que o universalismo preconizado pela Europa não tenha passado, de fato, senão da universalização de seu próprio culturalismo; mesmo que vejamos claramente que, quando a Europa, nesse período que levou à globalização, foi representada como emissária dos direitos humanos universais, tratava-se ainda meramente de um novo avatar (definitivo?) de sua teologia da encarnação, não podemos menosprezar, todavia, o que salta aos olhos com ainda mais força que uma constatação – que tem valor de combate: subsiste uma operatividade do universal, mas que é precisamente o contrário do que esperávamos.

Ela não consiste efetivamente num dado positivo, seja qual for e sempre suspeito, da ordem dos valores, mas nesta função negativa: aquela, precisamente, de esvaziar toda formação-instituição de sua segurança, nascida da totalização da qual ela se basta, e de reabrir uma brecha nesse conforto da cerca. A função do universal, em outras palavras, impossível de conter e sempre renascente, é inquietar toda saturação-satisfação – aquela, precisamente, pintada pelos irmãos Van Eyck em seu *Retábulo de Gand*. Entretanto, para compreendê-la, convém mudar completamente a representação básica sobre a qual este se estabelece: desfazer-se, concernindo-lhe, de toda representação preguiçosa de um "constitutivo" ou de um "dado" (a de um universal implicado na natureza humana, ou de algum "fundo comum" da humanidade em nome do qual todos os homens "são semelhantes" etc.), e conceber, às avessas, o universal como um estrito agente e vetor – como tal inesgotável – de *promoção*: como um princípio que, desiludido com toda a completude adquirida e já cercando-a de uma nova expectativa, leva – mas num modo intrínseco: imanente – à superação.

A própria história das lutas ideológicas travadas contra o universalismo europeu, tais como notoriamente as vimos desenvolverem-se durante as últimas décadas nos Estados Unidos e no continente africano, parece-me ter sido muito corretamente analisada nesse sentido (em especial em torno de Ernesto Laclau[12]) – merecendo ser tomadas como depoimentos. Pois se, demarcando-se do ponto de vista universalista defendido tradicionalmente pela esquerda política, os movimentos das minorias culturais – dos negros do *apartheid*, dos *chicanos* da Costa Oeste, dos homossexuais, de todos os excluídos – pregaram um particularismo radical, estes nem por isso deixaram de constatar que suas reivindicações não tinham futuro na medida em que eles mesmos não as respeitavam (como se se tratasse simplesmente de um executivo impondo-se a eles nas negociações), mas, muito pelo contrário, reapropriavam-se da exigência de universalidade e a *revitalizavam*. Aquela mesma à qual os universalismos no poder renunciaram ao desconhecerem a legitimidade de suas reivindicações: isto é, mantendo-as na exclusão. O universal, portanto, é uma arma que se volta contra seus detentores e que passa incansavelmente de mão em mão. Pois afinal é o universal – e não o particularismo (uma vez que este faz logicamente corpo com eles) – que fornece o único desmentido verdadeiro aos universalismos estabelecidos. Ou, dito às avessas, o universalismo não é um universal que se traiu saciando-se consigo mesmo e tornando-se dominante?

Que a reivindicação dos grupos minoritários se faça sempre em nome de algum princípio universal, como reconhecemos ordinariamente, não deve, portanto, se conceber unicamente no modo da concessão. Isso não significa apenas que toda singularidade seja entendida exclusivamente na contracorrente de uma pretensão universalista denunciada como hegemônica e permaneça, em virtude disso, implicitamente sob sua dependência; nem tampouco que ela mesma se veria, caso contrário, em perigo, ao ser obrigada a admitir na prática uma igual legitimidade para todo particularismo antagônico ou concorrente; e que então seja preciso, por necessidade política, introduzir alguma mediação de caráter universalista, como instância de regulação, para permitir uma convivência entre eles. Ocorre, porém, mais essencialmente, que toda identidade diferencial que se realiza completamente perde consciência de si mesma e se anula: o universal, em contrapartida, é esse *efeito de falta* que a revela a si mesma e constitui sua vocação; e que, jamais saciado, leva-a a se transformar a si mesma, ao mesmo tempo em que transforma seu outro, e, portanto, a tampouco satisfazer-se com sua própria identidade: a não se fechar nem se deter nela, sob o risco, caso contrário, de ela também desembocar numa forma de exclusão – que, em seu triunfo, seria igualmente abusiva – a ser derrubada.

Se me referi à experiência dessas lutas, é porque elas, enfim, revelam o que a filosofia dissimulou por muito tempo, mas que a própria dificuldade de definir o universal de forma homogênea deixava, não obstante, pressentir: que o universal não é um objeto especulativo; que sua verdadeira natureza e, portanto, sua legitimidade, não se revelam senão numa situação de tensão e por enfrentamento; que ele é sempre instrumento de uma luta e de um confisco, quer estes sejam intelectuais, sociais ou políticos. O universal não se reduzirá, por conseguinte, nem a um nem a outro. Nem o universal limita-se a valer como conteúdo (de natureza ideológica): o das diversas figuras de universalidade que se sucederam no curso da História, invocadas a título de valores pelo europocentrismo triunfante que migra de uma para a outra, e que pretendem sucessivamente encarná-lo. Evidentemente, tal plenitude e tal fechamento do universal compromete-o. Ou melhor, o universal concebe-se contra eles; contra esses universalismos acerca dos quais somos obrigados a reconhecer que, o mais das vezes, não pensam sequer em se espantar com o que excluem (por exemplo, mulheres ou negros da vida cívica).

Nem tampouco o universal limita-se a ser um resíduo (de natureza lógica), permanecendo não apenas subentendido, como pano de fundo, na reivindicação do singular. Pois ele não poderia justificar-se exclusivamente pelo fato de que, segundo a ambiguidade própria de toda oposição e que a torna igualmente conservadora, toda posição (particularista) ainda precisa de seu oponente (universalista) para se afirmar: daquilo que, determinando minha singularidade, eu afirmo ao mesmo tempo o contexto do qual a isolo (segundo a dependência bem conhecida da negação a respeito da afirmação que ela nega). A legitimidade do universal a respeito do singular, em outras palavras, não é apenas da ordem da condição. Tampouco se limita à não contradição. Todo individual se autorrefuta, por sua vez, a partir do momento em que renuncia a isto (assim, o “direito à diferença" contradiz-se, caso não se reconheça a si mesmo como um direito universal etc.).

Nem puramente residual, como único fundo harmônico de todos os particularismos, nem tampouco se comprazendo no conteúdo congelado de algum universalismo, o universal é, assim, essa completude faltante, ou esse *contínuo defectivo*, que não cessa de nos remeter à função, por mim indicada anteriormente, do *negativo*. Ele é essa força de apelo que não se contenta com nenhum dado circunscrito como tal, por mais vasto que seja, mas que, no âmbito deste, volta-o para seu transbordamento. Em outras palavras, ele é esse efeito de esvaziamento que inscreve no seio de toda limitação a necessidade imperiosa de sua renúncia: é por meio dele que toda totalização não pode se aceitar e se consolidar como tal, mas se reabre para o ilimitado, ou melhor: o ilimitável. Com ele, o horizonte furta-se novamente e não se detém em nenhum contorno atingido. Eis por que o universal é motor: no pensamento, mas também na História. Ele é esse incondicionado em movimento que, levando sempre mais longe a não exclusão, trabalha a esse título não apenas o campo das elaborações teóricas, como também o das configurações políticas: mantendo sob sua pressão toda forma-estrutura-instituição.

No fim das contas, o interesse funcional do universal reside em que ele mantém uma transcendência ("sob transcendência", como dizemos "sob pressão"), mas que permanece interna (e não se prevalece de nenhum "Apelo"); em que ele estabelece um absoluto – como incondicionado, ou melhor, incondicional –, mas que não é religioso, ou melhor, que nos dispensa, doravante, do religioso. Assim, é ele principalmente que reboca o *comum* e o promove: graças a ele, o *comum* (do político) não chafurda em nenhum vínculo estabelecido, não se confina em nenhuma partilha aceita, mas é levado a ser percebido, como vimos ao acompanhar a história da Cidade, no sentido de um alargamento que não conhece fim. Pois de onde o comum, se não for da exigência que o universal não cessa de acionar nele, extrairia a ideia de crescer cada vez mais e progredir? É ele, o universal, que, por seu rigor, da lógica à História, impele a essa "comunidade universal", *civitas universa* – gêneros, povos, Eleitos; logo, que desvia o comum do comunitarismo. Assim, para além dos universalismos instituídos e saciados, o universal preserva um caráter emancipador e subversivo ("insurrecional", como o qualifica muito pertinentemente Étienne Balibar[13]): não espanta, por conseguinte, que todos os processos impetrados contra aqueles, por mais justificados que sejam, não sejam capazes de esgotar o vigor deste. Pois não nos enganemos: é porque o universal mantém a humanidade em busca, e não porque pretenderia sobrepujar o individual ou o singular, cujo preço agora sabemos, que ele constitui figura de ideal.

4. Entretanto, confrontado com a diversidade das culturas, esse status *ideal* do universal ainda será capaz de resistir? Pois, sem sequer termos a certeza de encontrar pontes detectáveis entre as culturas que permitam comunicar-se transversalmente entre elas, aqui nos vemos acuados por esta interrogação – última posição atrás da qual entrincheirar-se antes da derrocada: o que associa, contudo, *a priori*, todas as culturas e em que plano assumir seu encontro – este nunca se vendo completamente assegurado pela experiência nem tampouco se dando metafisicamente, ao contrário, por alguma "natureza humana" – de maneira a poder pretender, ainda de pleno direito, fazê-las "dialogar" entre si? A segunda questão, que confronta a primeira, se dá do lado do sujeito: como podemos ainda aderir a valores que queremos – com o gesto forte da vontade política – estabelecer como absolutos e, portanto, *necessariamente* universais, quando sabemos que, pertinentemente, o europocentrismo não sendo mais suficientemente forte para nos esconder isso, eles se veem ignorados por outras culturas ou mesmo contestados por elas? Daí o que constitui dilema nos

dias de hoje: por não poder mais limitar-se ao universalismo fácil que por tanto tempo embalou a Europa, será então necessário descambar, brutalmente e sem mais exigências, num relativismo preguiçoso?

Sem responder a ambas as interrogações, abandonaremos efetivamente a questão do diálogo das culturas ao que ele é tão amiúde: ao difuso ideológico que o torna tão inconsistente, mas ainda mais prolixo – balbucio de boas intenções. Decerto, sugerir a noção de *ideal*, como acabo de começar a fazer, para conferir um status inexpugnável a esse universal cultural, por si só não basta. O termo acha-se demasiado comprometido, gangrenado a partir de dentro pelo idealismo filosófico, para que possamos sob ele nos proteger sem grandes equívocos. No mínimo, se a noção for válida e quisermos preservá-la, seu emprego deve ser reinvestido, construído, ou melhor: *amparado*. Deve sair das aspirações vagas e do patético que a cultura europeia geralmente usa como válvula de escape – não obstante nebulosa – para as construções julgadas exageradamente coercitivas de sua razão.

Ao que já vemos o criticismo kantiano fornecer um apoio oportuno: nas *Críticas* da razão pura e do juízo,[14] ele fornece vieses distintos, mas convergentes, para nos aproximarmos menos às apalpadelas dessas duas questões e remobilizar o ideal. Uma vez que foi o kantismo que mais bem aguçou a questão do universal, é justo, mais uma vez, voltarmo-nos para ele: ao mesmo tempo, é ele que fixa a ideia de um universal ético simultaneamente transparente e submetido apenas à exigência de validade do conhecimento, mas que igualmente fornece os primeiros delineamentos para superá-la (aliás, essa não é a incumbência de toda grande filosofia, solucionar e estabilizar coerências enquanto produz novas abordagens – primeiras armas – para começar a questioná-las de novo?). Pois se falo aqui de viés de apoio, de amparo, é porque sabemos muito bem que o próprio Kant não considera essas questões nem faz ideia delas, não dirigindo seu olhar para as outras culturas (sequer imaginando ter de fazê-lo) e desenvolvendo sua interrogação exclusivamente no âmbito da tradição europeia, o de uma teoria das faculdades. Nem por isso deixa de definir condições de idealidade que, rompendo com o inatismo, podem iluminar as duas faces do que não aparece mais, no fundo, senão como um mesmo problema. De um lado, ou primeira face da questão, ao conceber um status da ideia como representação da razão que esteja em condições de elevar-se ao *incondicionado*, na falta de produzir com ela um conhecimento; de outro (segunda face da questão), segundo a exigência de um *juízo absoluto* referente aos valores e tal que, embora reconhecendo-se a si mesmo como singular, nem por isso deixa de exigir, necessariamente, a adesão de tudo que é efetivamente a característica proclamada do universal.

Que um encontro entre as culturas jamais possa se realizar integralmente na prática (que não possamos jamais nos descolar do que se viu privilegiado numa cultura a título de valores e representações), mas que tal encontro tampouco seja "quimérico" (que não seja uma promessa pia, como trabalhar para produzir pacientemente, questão após questão, as condições de tal possibilidade), este é, efetivamente, para responder ao primeiro ponto, o status ideal de um *universal*, não mais especulativo por referência à teoria do conhecimento, mas *cultural*. Ideal significando então, por transposição, precisamente isto: que se, na experiência, não há valores e representações que permitam sair inteiramente do condicionamento próprio das diversas culturas, singulares como elas são em suas escolhas, implícitas (em virtude principalmente, como sabemos, de não existir mais nem pré-língua nem pré-mundo aos quais ter acesso), isso não anula a validade de um universal das culturas como noção de um "incondicionado" ou *transcendental* de todas as condições dadas que fazem aspirar a essa superação. Ganhará assim um status teórico definido através delas, esse "sob o quê", como diria Kant das ideias da razão; os valores e representações de todas as culturas do mundo deixam-se *a priori* subsumir (como prova de que podemos falar desde logo de "cultura" a seu respeito), ainda que não aconteça nunca de fato de – seja qual for o grau de harmonia de valores e representações entre as culturas – poderem sair integralmente de seu próprio condicionamento e pretenderem valer, sem excesso de imperialismo, de uma maneira que seja absolutamente universal.

Pois precisamos dar conta dos dois ao mesmo tempo. Por um lado, assim que ingressamos na densidade das línguas, dos sistemas sociais e mentais, dos costumes e das épocas, e nos recusamos aos quiproquós fáceis, avaliamos, como mal comecei a fazer aqui, em que medida todas as culturas se veem sempre retraídas em perspectivas que lhes são próprias e, mesmo quando se uniformizam, como faz a cultura globalizada atual, não cessando de se influenciar de uma ponta à outra, assim permaneçam. Quem não vê, com efeito, que – não adianta ela não encontrar mais diferença em relação a si mesma, nem mesmo julgar haver tudo integrado no planeta – a cultura mundial de hoje não pode pretender à universalidade enquanto permanecer, por sua vez, retraída nesses pressupostos que a condicionam e a tornam igualmente singular? Ela tem apenas menos consciência disto: porque estende seu reino uniforme sem mais encontrar resistência, sequer suspeita mais de seu particular. Ora, por outro lado, a ideia de uma harmonia universal entre as culturas, presentes ou passadas, horizonte jamais alcançado nem sequer alcançável, uma vez que elas sempre escapam por trás de todos os universalismos propostos, nem por isso deixa de desempenhar um papel *regulador* que orienta a investigação.[15] Dessa investigação, ela fornece a exigência, chegando a impô-la ao espírito como uma tarefa necessária a ser realizada "na medida do possível", ainda que nunca se veja seu desfecho: ao mesmo tempo, guia continuamente o espírito nesse trabalho. É exclusivamente ela e a esse título, de incondicionado ou de "transcendental", que pode gerar sua condição de possibilidade para o diálogo das culturas e tirá-lo de seu impasse.

5. Vemo-nos obrigados a violentar Kant mais ainda a fim de arrastá-lo para o segundo terreno, no avesso da questão: a fim de transpor para o juízo cultural dos valores o que ele nos diz acerca do juízo do belo. Violentá-lo, com efeito, uma vez que, para ele, o bem, tal como dado pela razão prática, é determinado por um conceito que o torna objetivamente universal, independentemente, portanto, de qualquer condicionamento cultural. Será preciso esperar Nietzsche para que venha à tona, em seu lugar, a ideia de uma *perspectiva* sobre os valores. E, não obstante, seria fazer a moral desviar de sua autonomia pensar em articular conjuntamente, levando em conta a diversidade das culturas e na operação mesma do juízo, o universal e o singular – o absoluto e o condicionado? Não nos esqueçamos da dedução kantiana a propósito do belo: quando julgo que alguma coisa "é bela", trata-se efetivamente, nesse caso, de um juízo singular, ao mesmo tempo em que suponho que todos os homens necessariamente concordem com isso, não permito a ninguém, em outras palavras, ser de outra opinião. Faço disso uma regra para todos, ou pelo menos a imponho a todos, como se se tratasse aí de um juízo objetivo (e isso ao contrário do juízo que incide sobre o "agradável", acerca do qual reconheço sem dificuldade que não compromete senão a mim). Sem, portanto, ter de comprovar mediante uma constatação, ou ainda que constate ser amplamente refutado ao meu redor, nem por isso deixo de reivindicar *a priori*, para esse juízo, uma adesão universal. Ora, isso também é legítimo.

Ou pelo menos seria uma primeira maneira de imaginar as coisas, um viés útil para sair do impasse: para transpor com mais facilidade esses primeiros escolhos, Caribde e Cila do intercultural, que designei de um lado como o *universalismo fácil* (projetando ingenuamente sua visão de mundo sobre o resto do mundo) e, de outro, o *relativismo preguiçoso* (que condena as culturas à reclusão identitária em valores específicos). Mas o que pode justificar, não obstante, na medida em que não tenho em vista nenhuma estetização da moral, eu me referir ao juízo do belo, e não mais do bem, para fundar uma universalidade dos juízos incidindo sobre os valores? Precisamente o fato de agora termos a obrigação de integrar o absoluto na perspectiva singular própria das diversas culturas, uma vez que não podemos mais nos compreender doravante de outra forma senão como *sujeitos culturais* (colocando assim parcialmente em descrédito o "sujeito transcendental"). Assim, o passo que obrigo Kant a dar aqui é de fato forçado, mas, como passo lateral, esboça uma saída – fornece alguma coisa como uma tangente para sair da aporia. Por exemplo, quando os europeus reivindicam os direitos humanos para todos os povos, não atribuem a seu ideal, como o fizemos a respeito do belo, uma validade de princípio, não condicional, que eles consideram como devendo ser universal, sem por isso possuírem conceito transcultural de tal valor? Ora, se o fazem legitimamente, esse juízo não é contudo completamente descolável, evidentemente, de um certo condicionamento de suas representações, sobre o qual voltarei: sobretudo de sua incrustação inveterada – a que ponto reversível – no teológico, por seu esforço de abstração perante qualquer relação de dependência, por suas lutas históricas de emancipação etc.

Ora, Kant não aponta precisamente para o único lugar possível (de idealidade) de onde pode provir essa legitimidade? Ou melhor, esclarece ao mesmo tempo que essa legitimidade é inegável mas nem por isso pode designar o sítio, ou base teórica, do qual ela extrai essa autoridade. Podemos inclusive dizer, de uma maneira mais radical: que tal juízo (como o que pronuncia o valor absoluto dos direitos do homem) seja revelador de uma exigência irrecusável que, não obstante, não saberíamos nomear, ou que seja a ilustração de uma necessidade que ele mesmo não consegue explicar é o que o caracteriza propriamente. A esse título, com efeito, afirma Kant, "ele não pode ser considerado senão exemplar" (*exemplarisch*). Em outras palavras: "Trata-se de uma necessidade da adesão de todos a um juízo que é considerado exemplo de uma regra universal que não podemos indicar" (*ein Beispiel einer allgemeinen Regel, die man nicht angeben kann*).[16] Essa regra *universal* mas que *não podemos indicar* é precisamente o conceito da exigência paradoxal e infinitamente atuante (logo, com função "reguladora") segundo a qual não cessam de dialogar as culturas atualmente, mundo afora, quando procuram entender-se sobre seus valores e tentam sair de seu perspectivismo. – Voltemos ao caso precedente e caminhemos assim passo a passo nesse terreno litigioso: se ninguém pode mais pretender que o ideal dos direitos humanos tenha se originado de uma história cultural singular e condicionada, nem por isso deixa-se de considerar que eles são *exemplares* de um Incondicionado.

O fato de refratarem em seu plano particular uma fonte de iluminação (do humano) cuja origem não podem indicar não constitui uma construção idealista desses direitos do homem. Pois, embora essa indeterminação pertença de pleno direito ao ideal enquanto incondicionado, pode-se contudo fazer surgir, seguindo Kant, o princípio subjetivo que justifique a validade universal que tal juízo exige, e isto, precisamente, voltando ao comum: não é um "senso comum" (*Gemeinsinn*) que deve ser invocado, em definitivo, como faz aqui Kant a respeito do belo, como única condição de possibilidade restante da comunicação exigida entre as culturas? É apenas sob sua suposição, com efeito, que a necessidade culturalmente subjetiva do juízo vê-se representada como objetiva, permitindo que o que experimento pessoalmente *ao mesmo tempo* valha para todos. "Senso comum" que não é mais então do entendimento (o da aceitação corriqueira, quando os princípios mais amplamente partilhados não são mais senão obscuramente representados); nem tampouco é um senso comum exclusivamente estético (fundando a comunicabilidade *a priori* do juízo do belo): irei denominá-lo precisamente o *senso comum do humano*. É nele, por fim, que as culturas se juntam, único aquém *a priori* das línguas como concepções, onde se anula, enfim, o requisito da mediação; como é dele que se autoriza, em última instância, a transculturalidade de um juízo que, entretanto, fracassa em encontrar seu conceito.

Convém, por outro lado, ver claramente o que a expressão "comunidade de senso" quer dizer quando a acrescentamos ao "humano". Pois, no caso, não significa reingressar nas ingenuidades metafísicas do "fundo", ou pedestal, nas quais se refugia o pensamento por uma imaginação fácil, contentando-se em obturar o plano quando fracassa em pensar o fundamento (o famoso "fundo comum" da humanidade tão comumente invocado no diálogo das culturas): uma vez que esse senso comum é efetivamente o que transparece dolorosamente em toda experiência, da mesma forma que não cessa de nos falar em toda linguagem. Nem tampouco é sacrificar a concepção puramente reativa e sensível à qual, desistindo das construções da razão, pôde ceder a moral (esse senso do humano significando "piedade", que encontraríamos na origem de todas as coisas, através do mundo; cf. com o que Schopenhauer diz sobre isso, o primeiro filósofo comparatista): uma vez que não deixa de se desenvolver, através dele, uma inteligência que se explicita consequentemente em juízos racionais, bem como em representações concebedoras de valores. Nem tampouco se trata simplesmente do retraimento encontrado numa posição teórica débil para dar uma consistência nocional mínima ao que é indefinidamente partilhado para ser também analisável (esse senso comum tornando-se então a superficialidade do "bom senso"). Mas é, creio, o único plano invocável onde ambos podem conectar-se rigorosamente: a experiência e o *a priori*, o comum da partilha e o dever-ser do universal (uma vez que apenas dele podemos garantir, independentemente de toda experiência, que é universalmente partilhado por toda experiência). É portanto nele, nesse *senso comum do humano*, que se entenderiam originariamente as culturas e que elas podem atravessar seu idiotismo para se abrirem ao que Kant chamou tão pertinentemente de uma "comunicabilidade" ou "partilhabilidade" universal, *allgemeine Mittelbarkeit* – o pensamento será retomado adiante para descartar as diversas banalidades do comum.

x. Direitos humanos – noção de universalizante

1. Os direitos humanos fornecem o exemplo perfeito do que, juízo do belo, ou mais precisamente de sua articulação paradoxal – mas legítima – do absoluto e do singular, é transponível à ordem dos valores e do político: os ocidentais os estabelecem, até mesmo os impõem, como dever-ser universal, ao passo que é manifesto que esses direitos são oriundos de um condicionamento histórico particular, exigindo que todos os povos subscrevam-nos absolutamente, sem exceção nem redução possíveis, ainda que não possam deixar de constatar que outras opções culturais, através do mundo, os ignoram ou contestam.[1] Pois até que ponto a Europa pode levar a negação: a do agenciamento compósito, forçado e mesmo aleatório, de que esses direitos são o produto no seio mesmo de sua própria história? Comprovamos com isso, no máximo, o que já percebemos do caráter heteróclito, para não dizer caótico, da fabricação do universal: que a *Declaração dos direitos do homem de 1789*, por exemplo, nasceu de projetos preparatórios múltiplos e até mesmo, em parte, inconciliáveis; que foi objeto, durante sua redação, de infinitas negociações e compromissos; que é formada da associação de fragmentos extraídos de vários lugares – um termo aqui, uma frase ali, seus artigos sendo repetidos, desmembrados, reescritos.[2] Foi reconhecida e votada, por seus próprios autores, como "não concluída". "Provavelmente foi adotado o pior de todos os projetos",[3] confidenciou um deles na noite da adoção. Mas, *ao mesmo tempo*, como toda relação com o acontecimento é colocada prudentemente a distância, assim como dele é afastado por temor de aumentar as

dissensões, tudo que pudesse transparecer uma decisão muito precisa, esse texto, redigido às pressas e numa atmosfera de reticência em que a má-fé mistura-se às vezes ao entusiasmo, reveste-se de uma abstração que o sacraliza. Apresentando-se a si mesmo como não engendrado, nascido todo pronto do cérebro dos constituintes, paramenta-se de uma aura mítica (cf. "em presença e sob os auspícios do Ser supremo") e almeja uma universalidade de princípio.

Isso não se daria porque, mais uma vez, a pretensão à universalidade é, ao contrário do que ela mesma disse, a única maneira de resistir conjuntamente, superando-a, a uma heterogeneidade ameaçadora? Qual uma linha de fuga, ela organiza a dispersão presente e projeta num além abstrato sua reconciliação; ou, como é comumente o caso na ideologia europeia, é a sublimação que abre uma saída – por recalcamento-promoção – para a violência das contradições. Pois essa maneira de dar o troco (sobre sua pretensa universalidade) tampouco deixa de ter efeito: nela brotam um impulso e um treinamento. A difícil produção do texto ocultando-se, este fustiga então por seu êxito histórico; apagado todo o vestígio de contingência, ei-lo – e isto legitimamente – impelido para o ideal e o necessário. A ponto de essa *Declaração de 1789* ter-se tornado a base (retomada em 1793, 1795, 1848, 1946, 1948, 1950...); e que tenhamos podido nos arrepender, quando foi redigida a *Declaração de 1946*, pela brevidade-majestade-simplicidade de "nosso grande texto de 1789", ao passo que "percebemos no texto de 1946 que os artigos têm origens diversas, foram pensados em diversas línguas, traduzidos uns nos outros"[4] etc. A constatação contemporânea do compósito repete-se, como repetem-se igualmente seu esquecimento e sua uniformização posteriores pela História. Ora, que essa *Declaração* seja constantemente reescrita já mostra que a universalidade que ela pretende não é *dada*, mas vale a título de ideia reguladora, no sentido kantiano, ideia jamais consumada e orientando indefinidamente a investigação: fazendo trabalhar.

A *Declaração de 1789* teria, aliás, dificuldade em dissimular seu *condicionamento* de origem sob a universalidade incondicional de suas formulações: que ela nasceu de um protesto contra uma arbitrariedade real já degradada; que deve ser entendida principalmente como uma reação contra os privilégios de uma nobreza já em declínio; ou que a liberdade de culto defende-se dela sob a vigilância dos protestantes; ou que, sob a questão genérica da "propriedade" (no plural ou no singular? cf. art.XVII), debate-se a questão da supressão dos direitos feudais etc. Eis por que estava fadada a voltar incessantemente ao canteiro de obras e ser reescrita. Bastaram poucos anos, isto é, a cada nova inflexão da Revolução: a redação de 1793 fazendo aflorar a questão social e principalmente a do trabalho; a de 1795 reagindo às violências revolucionárias ao insistir nos "deveres", bem como, diante do perigo das facções, na "universalidade" dos cidadãos etc. Mais lentas a surgir (e, a propósito, temos consciência disso?), mas igualmente inegáveis, são as opções ideológicas que a marcaram – e que apenas a disparidade entre as culturas as tornará de fato salientes: nem que seja pela ideia de um contrato social ou "pacto associativo", ou "a "felicidade" determinada como fim último, ou a concepção do homem exclusivamente através da relação de um "indivíduo" nascido "livre" e da soberania da Nação e de sua Lei, e em primeiro lugar o caráter não problemático da continuidade instaurada entre o estado de natureza ("Os homens nascem ...") e a sociedade civil ("... e permanecem livres e iguais em direito"). Enfim, se essa *Declaração* acha-se sacralizada, é efetivamente porque o investimento religioso, retraindo-se por ocasião da religião revelada e doravante sem uso, não tem outro objeto de referência, durante esse processo de secularização que marca a Europa, senão o de uma absolutização do Homem em seus "direitos".

Mas por que os "direitos" seriam precisamente, do homem, a única coisa que se pode absolutizar elevando-se ao incondicionado de um universal? A lição dos especialistas em direito romano deve ser considerada nesse ponto, quando nos mostram que, longe de ser fruto legítimo da ideia de direito, tal como os latinos conceberam, os direitos do homem representariam antes uma distorção a seu respeito:[5] eles nasceram de uma conjunção relativamente estranha onde se emaranham, no limiar da época moderna, inúmeras e diversas influências. Tanto um quanto o outro: o nominalismo herdado dos últimos medievais (Duns Scotus, Guilherme de Ockham), não retendo realidade substancial a não ser a do indivíduo; e a segunda escolástica (espanhola: Suarez) inventando uma teologia não ascendente mas dedutiva, e separando de uma "sobrenatureza", à qual apenas a Revelação dá acesso, a pura natureza do homem – *natura pura*: tal como Deus a criou originariamente e com a qual o filósofo pode se satisfazer em seu trabalho. É dessa definição genérica do homem, dos princípios da Razão que estão inscritos em sua natureza e formam a lei natural, que será deduzida doravante a ciência do direito. Eis por que este pode absolutizar-se comodamente como "universal".

> Antes (em Roma), enquanto os juristas haviam concebido o direito como exercendo-se essencialmente no âmbito de uma mesma cidade, enquanto *jus civile*, supondo a esse título juiz, processo e instituições, e não entrando em cena senão se houvesse litígio (*causa*) servindo de objeto circunscrito à controvérsia, o direito limitava-se à definição da Justiça visando à proporção adequada (*aequum*) na partilha dos bens e dos cargos: era concebido essencialmente como *relação* a ser determinada, com a qual não coincidiam nunca completamente as fórmulas e as codificações. Longe de ser um produto da pura razão, a projeção de um ideal igualitário que nosso espírito teria engendrado, o direito tornou-se em primeiro lugar objeto – até em suas concepções e regras mais gerais – de uma investigação que se desenvolveu principalmente a partir da observação das relações entre os seres;

e que visa essencialmente a atribuir a cada um o que lhe cabe em função de sua posição.

Logo, convém refletir no que essa promoção dos direitos humanos, declarados universais, possui, na própria Europa – algo de histórico e, por conseguinte, de singular. E, acima de tudo, não desprezar essas conjunções e mutações súbitas, na história das ideias, se não quisermos mais nos enganar sobre a universalidade que podemos lhe conferir. Pois em vão remonta-se de todos os lados para traçar sua gênese – sua eclosão nem por isso deixa de ter o caráter destoante de um acontecimento ao mesmo tempo logicamente dedutível e *inventado*. Tudo muda, com efeito, sabemos, quando, com Hobbes, a noção de um direito natural, *jus naturale*, deixa de ser constituída a partir das relações jurídicas múltiplas ligando entre si todos os seres, tornando-se a *liberdade* enquanto direito natural único: a que detém todo homem "de usar de seu poder próprio segundo sua vontade para a preservação de sua própria natureza".[6] Apaixonado por Euclides, Hobbes deduz assim os direitos do homem de uma definição de princípio e aplica em seu procedimento o método de análise em elementos simples, depois recomposição por síntese, aprendido de Galileu; aficionado pela teologia (ainda que seja materialista), empresta a seu vocabulário a noção de "estado de natureza", que concebe secularizando-a como uma poeira de indivíduos a partir dos quais a sociedade é reconstruída abstratamente. Pensamento, portanto, eminentemente singular, e até mesmo nascido de uma conjunção ideológica particularmente tensa, de onde provavelmente vem sua força, essa concepção é ao mesmo tempo contemporânea do advento do sujeito na filosofia clássica e sustentada pela relação que então se instaura entre o Estado e o Indivíduo. Daí decorre a ideia de um direito tornando-se por sua vez pura emanação de um tal sujeito – direito "subjetivo", por conseguinte, absoluto, ilimitado, enquanto liberdade de agir "segundo seu próprio juízo" e que nenhuma lei ainda obsta. Os "direitos do homem" nasceram disso.

> E a sua continuação, como sabemos, não passa de acomodações, se ouso dizer: seja essa liberdade globalmente sacrificada a um poder soberano no âmbito de um contrato social para pôr fim à guerra endêmica nascida da rivalidade das cobiças (em Hobbes mesmo); seja redistribuída e difratada em liberdades plurais, permitindo dessa forma não mais assinalar ruptura entre estado de natureza e sociedade (em Locke). Resta, doravante, essa opção primordial que não cessou, a despeito de sua marca e de sua particularidade de origem, de querer se impor como um dever-ser universal: a do Homem como indivíduo dotado de uma liberdade total, logo, igual e subtraído originalmente a toda hierarquia, mas que a sociedade sempre ameaça acorrentar (Rousseau).

2. Não se impondo senão na época moderna, ainda que possamos acompanhar desde os gregos aquilo que, mediante aportes diversos, em múltiplas vagas, sobretudo aquela, inesgotável, da moral estoica infiltrando-se no cristianismo, formou a base de sua eclosão, os direitos do homem são evidentemente o produto de uma dupla abstração (ocidental). Ao mesmo tempo "direitos" e do "homem". Dos *direitos*: da reciprocidade da relação, a noção de direito isola o lado do sujeito, privilegiando o ângulo defensivo da reivindicação e da libertação (da não alienação) consagrado como fonte de liberdade ("dever", sob esse aspecto, não passa, por sua vez, de um avalista – indenizador – que participa igualmente dessa ótica). Do *homem*: este se vê completamente isolado de todo contexto vital, do animal ao cósmico, a dimensão social e política derivando, por sua vez, de uma construção posterior. É apenas enquanto indivíduo que o "Homem" é absolutizado, uma vez que o único objetivo concebível para toda associação é a "conservação" de seus "direitos naturais e imprescritíveis" (cf. *Declaração de 1789*, art.2). Isolamento, abstração e absolutização, indo de par, foram então o preço a ser pago para erigir esse universal. Ora, o que *ao mesmo tempo* se dilui sob essas operações conjuntas? Nada menos do que aquilo que poderíamos chamar, paradoxalmente, de integração do humano em seu mundo – "integração" designando precisamente aquilo de que a alienação diz o oposto. Podemos seguir essa perda já na própria história moderna da Europa.

> De forma significativa, até mesmo a *família*, nível mínimo de integração ao introduzir sua mediação entre o indivíduo e a sociedade, está ausente das Declarações de 1789 e 1793 (e só aparece em 1795 de uma forma que lembra espantosamente as "cinco relações" confucianas – será por influência?: "Ninguém é bom cidadão se não é bom filho, bom pai, bom irmão, bom amigo e bom esposo."). Na *Declaração de 1948*, a referência a "todos os membros da família humana" continua com um status vagamente metafórico, alusivo, mais retórico que explicativo, em todo caso não fundamentado. Assim, ao evacuar toda dimensão religiosa (o Ser supremo de 1789 invocado meramente a título de espectador), diluindo o grupo (casta, classe, *gens*, tribo, parentesco, guilda, corporação etc.), recusando toda hierarquia preestabelecida (uma vez que a igualdade ali é colocada como princípio básico) e, acima de tudo, separando o homem da "natureza" (sendo coisa recente a preocupação com o meio ambiente e com seu desenvolvimento sustentável, como se hoje precisássemos urgentemente correr atrás do que teríamos levianamente desprezado), o conceito dos direitos do homem bebe e *toma partido* no humano. Ora, as opções que ele inscreve aí não podem elas mesmas apresentarem outra justificação, pelo menos definitiva, senão a de sua universalidade. Eis o círculo lógico no qual o pensamento do universal parece confinado: este é não apenas o fim, mas também o garante e a caução de sua própria operação de abstração.

Proponho generalizar essas duas lógicas culturais que se desafiam: de *emancipação* (pela universalidade dos direitos do homem) ou de *integração* (no meio de pertencimento: familiar-corporativo-étnico-cósmico). A questão é, para o mundo vindouro, saber se elas permanecerão inconciliáveis. Pois sondemos pela última vez no alhures das culturas. Se considerarmos a cultura indiana do ponto de vista da europeia, essas lógicas parecerão excludentes, com efeito, ao mesmo tempo em que coerências de conjunto, de ambos os lados, manifestando esse caráter de "opção", tornam-se ainda mais legíveis. Ou, se o conceito de direitos do homem não encontra nenhum eco no pensamento da Índia clássica (ou, dito às avessas, se esta se descobre antes indiferente a seu respeito), é porque efetivamente encontra nele pressupostos contrários, mas *igualmente inteligíveis*.

> Na Índia, como sabemos, mesmo de longe, como um fato incontornável diante do qual a inteligência europeia, assim que o constata, é tomada por uma vacilação irreprimível, não existe *isolamento* do "Homem". Nem com relação aos animais: o corte dos homens em relação a eles não é senão insuficientemente pertinente a partir do momento em que admitimos renascimentos de uns nos outros e que o animal possui igualmente o poder de inferir e conhecer (e que, se os animais são incapazes de se atribuírem um objetivo senão imediato, não é em virtude de uma incapacidade congênita, mas antes porque eles não têm acesso ao Veda – ora, à casta inferior tampouco). Nem com relação ao mundo: como o psiquismo humano não passa de um conjunto de órgãos destinados a transmitir passivamente dados externos, a interioridade humana, que não é destinada senão a reagir ao que lhe fornece o mundo, nem por isso está em condições de tomar verdadeiro recuo com relação a ele. A adesão ao mundo é tamanha que não é concebível ordem natural de que o homem se separasse. Nem, por fim, com relação ao grupo: este, determi-

> nado hierarquicamente por sua função religiosa, é a realidade primeira em que o indivíduo não encontra senão um status mínimo, aquele, irredutível, que se acha confinado no psicofisiológico de quem sofre ou goza.

A filosofia europeia, depois de Schopenhauer, não se deixa mais ser abalada por isso: o "homem", na Índia, é tão pouco uma entidade que sua vida e sua morte são vazias de qualquer significação, destinadas que estão a se repetirem indefinidamente. Em todo caso, o indivíduo não é em si mesmo dotado de um poder próprio de iniciativa e criação. Ou, se é efetivamente um "si mesmo" (*atman*), correlato do absoluto, a quem é acessível a libertação, não obstante nada muda nele se for condenado a renascer na base da escala dos seres: o que ele tem então de especificamente humano? Decerto, quando o homem se separa de seu grupo e se faz "renunciante", ato individual se há, não é para reconhecer sua individualidade, mas, ao contrário, aboli-la.

> Se *dharma* é o termo mais ostensivamente intraduzível em língua europeia, a ponto de não encontrar nela nenhum equivalente possível (podemos traduzi-lo também por elemento-qualidade-origem-norma da conduta-caráter das coisas-moral-verdade-justiça etc.), é porque não é entendido plenamente, na medida em que é capaz de declinar-se em conjunto apenas do ponto de vista do que proporciona a *coesão* das coisas: que as mantém juntas, de maneira co-erente (não aberrante) e permite sua continuidade. Ora, ousemos deduzir daí as consequências se, como eu indicava acima, é nele que pensamos (cf. Raimundo Panikkar)[7] para inscrever uma comparação com os direitos humanos estabelecidos como universais. Com efeito, a partir do momento em que, através do *dharma*, é a totalidade da cadeia dos seres que está em questão, em que a ordem que ele designa é reconhecida como necessária à manutenção da existência do todo constituído pelos "Três mundos",

e que, se ele deixar de ser observado pelo indivíduo, este pode esperar as piores calamidades, é ainda surpreendente que, sob sua égide, seja pífio o interesse demonstrado pela evidenciação de "direitos humanos" limitados ao âmbito tão restrito, ao mesmo tempo construído, do político? Na medida em que não podemos esquecer a vocação, mais elevada, a se diluir no Todo indiferenciado, estágio em que a noção de ordem cósmica – *dharma* – é ela mesma levada a perder sentido; e que, por outro lado, a visão hierárquica da sociedade indiana implica imediatamente que o *dharma* não possa ter um conteúdo idêntico para cada grupo ou casta da sociedade: aquilo a que intima a noção é antes descobrir seu lugar nessa ambiência global, participando assim da grande função metabólica do Universo. Não encontramos na Índia, portanto, nenhum princípio de autonomia individual nem tampouco de autoconstituição política a partir dos quais os direitos do homem devam ser declarados. Quando a Liberdade é a última palavra do pensamento europeu, o Extremo Oriente, diante dela, inscreve a "Harmonia" – e, nesse aspecto, a Índia comunica-se efetivamente com a China (esta, por sinal, pegou emprestada a própria noção de *dharma* – *fa* – através do budismo). Em vez disso, é provavelmente o "Ocidente" que, introduzindo a ruptura como fonte de efração e, em seguida, de emancipação (já o *chorismos* dos gregos), constitui escandalosamente exceção.

Ocorreu efetivamente que, na tipologia das culturas, os direitos do homem veem-se prisioneiros de um impasse duplo, de sentido oposto: sua margem de eclosão é exígua a despeito de sua pretensão universal. Quando a perspectiva da transcendência domina a ponto de desembocar na constituição de outro mundo, eles são diluídos numa ordem que os ultrapassa, cósmica ou teológica. Mas, quando é a da imanência que prevalece, eles não estão em condições de se separar do curso espontâneo das coisas e relações de força não podem emergir. – O Islã, evidentemente, está no primeiro caso. Ao totalizar a Revelação, o Corão e a Tradição que dele emana (*sunna*, *charia*, *fatwa*) determinam uma lei que, de criação divina, "atinge", conclui-se, "o topo final na regulamentação das relações humanas".[8] Assim, pretender, por concessão ou para prevalecer-se de uma prerrogativa, que os direitos humanos estejam nele igualmente implicados, significa de fato que eles não têm motivos – razão – para se constituírem propriamente. O medo do Juízo Final, elemento primordial da fé islâmica, não lhes reconhecendo plano autônomo em que se desenvolver, os reduz à insignificância.

A China está no segundo caso. Pois, como dizemos "direitos do homem" em chinês, traduzindo do ocidental? *Ren* ("homem")-*quan*. Designando propriamente a balança e a operação da pesagem, *quan* serve para dizer tanto o "poder", sobretudo político (*quan-li*), quanto o que entendemos por "circunstância" ou "expediente" (*quan-bian*, *quan-mou*): o que, por sua variação e opondo-se à fixidez das regras (*jing*), permite à situação não bloquear-se, mas continuar a evoluir conforme a lógica do processo iniciado. Assim, que esses dois sentidos se reúnam no seio do mesmo termo e sejam concebidos ambos a partir da inclinação da balança sugere que não há determinação do real, pelo menos em última instância, a não ser pela maneira como a situação pende *por si mesma* para um ou outro lado: a "circunstância" é por onde algo do real não cessa de se modificar para continuar a se desdobrar (noção de *bian-tong*); e o peso do "poder" não passa, por sua vez, da resultante de tal inflexão. Ora, que seja esse termo que sirva para traduzir "direito(s)" quando dizemos "direitos humanos" torna manifesta a distorção sofrida – ainda que esse enxerto estrangeiro tenha sido bem assimilado no chinês moderno, considerando a *comunidade de inteligível* que liga o humano (a qual desenvolverei adiante). E insisto neste ponto: quando reivindicam os direitos do homem, os jovens chineses da praça Celestial sabem agora, como os ocidentais, do que estão falando. Entretanto, não podemos desprezar a defasagem precedente dos pensamentos, sob o risco de renunciar à clarividência de todo engajamento político. Pois, se o *direito* deve explicar igualmente a diferença dos casos, ele não emana por sua vez da situação, ao contrário do *poder*, mas a transcende por sua idealidade. No que há inegavelmente uma produção teórica que a Europa estimulou.

É este o *entre-dois estreito* dos direitos do homem, ao qual devemos sua condição de possibilidade cultural: eles não se separam (não se "declaram", não se "proclamam") senão por isolamento e ruptura de plano; mas a sua transcendência não deve integrar-se por isso numa ordem superior. Pois, do contrário, essa efração se dilui, como é o caso de toda cultura teológica. Quanto ao pensamento da imanência, responderá sempre, de seu lado, renovando o velho argumento taoista, que a emergência dos direitos do homem e sua reivindicação devem-se exclusivamente à perda de uma Harmonia primitiva: não se pensa em reivindicá-las senão porque se rompeu uma aliança espontânea.[9] Ora, efetivamente, os direitos do homem são a ruptura de uma plenitude. O universal que os habita, e sem o qual eles não são, deve então estender-se em sentido contrário a toda totalização-satisfação – mediante o que vejo que reúne mais uma vez a negatividade inerente ao universal.

3. A ser considerado na escala das culturas, esse processo impetrado contra os direitos do homem nos embrenha numa inquisição progressiva com relação ao universal, cujo fim, a bem da verdade, não vemos. E, em primeiro lugar, (1) a *Declaração*, enunciando-os nesse modo universal, elude, por sua abstração, as contradições não resolvidas da situação histórica que os vê surgir: basta, nesse aspecto, levantar um pouquinho o véu que cobre a gênese dos textos sucessivamente redigidos. Por outro lado (2), esses direitos humanos repousam em pressupostos precipitadamente aceitos: em primeiro lugar, que possam fundar-se sobre uma "natureza humana", ela própria universal, cujo conceito seria transcultural-

transistórico; que esta, além disso, seja cognoscível, sem o auxílio de nenhuma intuição e Revelação privilegiada, mas exclusivamente pelo órgão da razão; que deva ser, por conseguinte, isolada radicalmente de qualquer outra realidade do mundo, inclusive animal. Daí (3), a ideologia particular que eles dissimulam, ou pior, da qual não fazem ideia: retraimento do cosmo, perda da harmonia, abstração do indivíduo e determinação de seu status irredutível como *imago dei*, primado do reivindicativo sobre o comunitário etc. Por fim (4), se os direitos humanos beneficiaram-se de uma sacralização que os erigiu em absoluto, foi por perda contemporânea do sagrado divino e retraimento da transcendência. Aliás, não se esquece que eles foram contestados nesses dois flancos no próprio seio do pensamento europeu? Tanto em sua vertente teológica (eles só encontrarão fundamento absoluto caso se integrem na Revelação) como do lado marxista: os "direitos do homem" são direitos de classe, *Klassenrechte* (*Sobre a questão judaica*, I, 352). Como prova, sustentam, na História, eles foram amiúde invocados para encobrir a opressão e fazê-la ser aceita etc.

Daí tantos esforços desordenados hoje, mas relativamente concorrentes, para salvar a universalidade dos direitos do homem – salve-se-quem-puder ideológico, fonte de uma literatura, é verdade, inesgotável:[10] todos procuram uma saída tentando tergiversar com a radicalidade de sua concepção. Pode-se até mesmo fazer uma tabela com essas múltiplas contrações. Pois terminou o triunfalismo ingênuo: o universal pretende-se doravante modesto. É fazendo-se minimalista que ele espera sobreviver às críticas sugeridas. Mas percorre para isso caminhos adequados?

(1) Ou propomos *relativizar* nossa concepção dos direitos humanos para explicar a disparidade cultural (teoria do *weak cultural relativism* que conclui com "*the relative universality of human rights*"):[11] seja aceitando que eles devam ser adaptados às outras

culturas, seja deixando às outras culturas a latitude de desenvolver seus próprios "equivalentes". Mas eu já disse que, se não forem estabelecidos como absolutos, os direitos do homem deixam de ser: seu dever-ser sendo de princípio, *a priori*, eles não podem sofrer acomodação.

(2) Ou propomos *reintegrá-los* num pensamento, mais global e consensual, da harmonia (discurso mais frequente no Extremo Oriente). Mas já mostrei que a lógica de libertação por efração, que é a deles, não apenas se afasta da integração cujo princípio é o pensamento da harmonia, como também entra em conflito com este.

(3) Ou propomos *reencontrá-los*, sob uma forma ou outra, *mutatis mutandis*, um pouco por toda parte no mundo. Em nome, dessa vez, de uma universalidade antropológica de fato, rebaixada a uma simples generalidade: assim julga-se identificá-los nos deveres recíprocos que ligam os membros da comunidade na China, ou na preservação da vida na Índia etc. Mas, sob o risco de perder todo rigor, a noção de direitos humanos não pode suportar ser diluída em noções de contornos indefinidos, diversamente interpretáveis e sobretudo desconfortáveis na prática, como as de dignidade ou valor humanos, às quais eles são então associados (ainda mais que essa identificação antropológica se faz sempre exclusivamente na língua ou pelo menos nos conceitos europeus).

(4) Ou propomos *reduzir* sua agudeza revendo para baixo o status teórico e operatório de seu conceito: julgaremos mais tolerável ver neles apenas um "símbolo". Mas não é exatamente atenuando num halo nebuloso a nitidez de seu recorte, nem carregando-os, além disso, com emocionalidade residual que os tornaremos culturalmente transmissíveis (ou antes é o contrário).

(5) Ou, por fim, propomos *estreitar* sua ambição num ponto, tornando-os dessa forma irrecusáveis – bastião mais facilmente defensável. Sustentaremos, por exemplo, os direitos do homem invocando o caráter intolerável do trabalho infantil: o direito à educação não é um direito primordial, básico (do qual todos os outros dependem) e, como tal, inegável? Entretanto, mesmo as noções de "trabalho" (oposto ao estudo, ao lazer, às férias), como também de "infância" (a entrada na idade da atividade "adulta" variando amplamente segundo as civilizações), estão longe, sabemos, de serem diretamente transponíveis de uma cultura para outra. Como prova, o que nos ensinam os antropólogos das tribos "primitivas": o que nos parece hoje alienação não podia parecê-lo aos olhos destas enquanto relações de exploração não haviam se tornado visíveis. Pois são os estilos de vida contemporâneos, exportados do Ocidente, que levam a *pensar à parte* o trabalho e a infância e fazem efetivamente surgir o trabalho infantil como uma injustiça gritante, em nome da autonomia individual à qual apenas o estudo dá acesso.

A reivindicação de uma universalidade dos direitos humanos poderá se satisfazer, com efeito, apenas com as evoluções constatadas na História, ainda que percebamos de maneira indubitável a necessidade que levou a isso? Dito mais explicitamente: a legitimidade universal dos direitos do homem resultaria apenas do fato de que o modo de vida ocidental, nascido do desenvolvimento da ciência e do capitalismo, terminou por se impor ao resto do mundo e que doravante é necessário – ou fatal – adotar ideologicamente relações humanas, ao mesmo tempo sociais e políticas, que vão de par com essas transformações? Mas já sabemos quanto o universal distingue-se do uniforme, ou antes, que este é seu inverso; e não podemos dissimular que esse argumento, por outro lado, não é senão oportunista em seu fundo. Ou então essa legitimidade resultaria de que o pensamento europeu que promoveu os direitos humanos exprime efetivamente um progresso histórico: de que, a exemplo do desenvolvimento da ciência a partir do início do século XVII e contemporâneos deste, eles constituem um ganho para a humanidade, o qual, como tal, não teria se produzido por sua vez senão na Europa? Além de essa justificação equivaler a uma acusação, pelo menos tácita, de todas as outras culturas, sua crítica é evidente, incluindo a do etnocentrismo mais obtuso: pois em nome de que julgaríamos esse progresso senão *já* no seio de um contexto ideológico particular (preferindo, por exemplo, a autonomia à harmonia etc.)?

Essas objeções bastam para mostrar que toda *justificação ideológica* de uma universalidade dos direitos humanos é impossível, da mesma forma que são vãs as operações reducionistas de todo tipo em que foram propostas: a pretensão à universalidade dos direitos do homem não me parece defensável, a bem da verdade, senão de um ponto de vista *lógico*. Em vez de cogitar atenuar o conceito dos direitos do homem entregando-o a acomodações que os tornem transculturalmente aceitáveis, porque depreciados, cortarei por minha vez com esse discurso da boa vontade, impotente mas loquaz. Tomando o partido oposto: o de depositar confiança em seu efeito de conceito, do qual eles extraem um ganho ao mesmo tempo de *operatividade* e de *radicalidade*.

Pois, de um lado, é de fato a abstração da qual eles procedem que, por si só, separando-os de sua cultura e seu meio de origem, torna-os comunicáveis a outras culturas: em outras palavras, não é apenas porque o Ocidente os promoveu no momento em que atingia o apogeu de sua potência e podia pretender, por meio do imperialismo, impô-los ao resto do mundo que eles são debatidos hoje entre as nações. Mas também porque esse status de abstração torna-os isoláveis, logo, intelectualmente manipuláveis, comodamente identificáveis e transferíveis, e faz deles um objeto – ferramenta – privilegiado pelo diálogo (não poderíamos, por exemplo, fazer da "harmonia" uma questão comparável, internacionalmente discutível entre as culturas). Por outro lado, o que entendo por sua capacidade de radicalidade – ou despojamento – conceitual é que ele se apodera do humano no estágio mais elementar, no limiar da existência, considerando o homem sob essa última condição, a montante de todas as demais, que vale então como incondicionado: apenas na medida em que *é nascido*. Ora, sob esse ângulo, não é tanto o indivíduo que é visado (como construção ideológica acerca da qual poderemos demonstrar o que preserva de arbitrariedade), mas simplesmente o fato de que o homem está envolvido – "do homem" não sendo tanto aqui um genitivo possessivo (no sentido de: que pertence ao homem), mas partitivo: a partir do momento em que o homem está em pauta, surge, *a priori*, um dever-ser imprescritível.

Entretanto, eu não poderia me deter nisso no que se refere à estrutura lógica dessa noção que forma operatoriamente o conceito. A capacidade universalizante dos "direitos humanos" deve-se mais ainda a este outro fato: seu *alcance negativo* (do ponto de vista desse *contra o que* eles se erigem) é infinitamente mais amplo do que sua *extensão positiva* (do ponto de vista *daquilo a que* aderem). Há dessimetria, em outras palavras, entre as duas faces da noção. Pois se do ponto de vista de seu conteúdo positivo – sabemos agora quanto este é contestável, por meio de seu mito do indivíduo, da relação contratual associativa, de sua construção da "felicidade" como fim último etc. – não podem pretender ensinar universalmente como viver (já que exigem que sua ética seja preferida a qualquer outra), em contrapartida eles são um instrumento insubstituível para dizer não e protestar, para pôr um ponto final no inaceitável, calçar-se com uma resistência.[12]

Ferramenta indefinidamente reconfigurável (eis por que reescrevemos sua *Declaração* a cada novo momento histórico) e, ao mesmo tempo, transculturalmente sem limites (uma vez que erguendo um protesto descontextualizável e "despojado": exclusivamente em nome do *ser nascido*), os direitos humanos nomeiam precisamente esse "em nome de quê", recurso derradeiro que, sem eles permaneceria sem nome e, portanto, provocaria uma incapacidade de intervir e se insurgir. Ora, que essa função negativa, insurrecional, prevaleça sobre a dimensão positiva da noção associa-se à função mais geral, que constitui, a meus olhos, a vocação do universal: a de reabrir uma brecha em toda totalidade confinante e saciada, e de por ela relançar a aspiração. Pois o fato não é facilmente contestável? Todos aqueles que, mundo afora, invocam hoje os direitos humanos nem por isso aderem à ideologia ocidental (será que a conhecem?). Mas encontram nesses "direitos humanos" o último argumento, ou melhor, instrumento, retomado incansavelmente de mão em mão e disponível a toda causa vindoura, não tanto para desenhar uma nova figura de oposição, da qual podemos sempre suspeitar que ainda faça jogo comum com seu parceiro-adversário, mas – mais radicalmente – *recusar*: fazendo aflorar vigorosamente uma transcendência operatória, não integrada, não alienada na imanência de toda situação. Ao passo que a oposição sempre é diversa porque orientada por seu contexto, a recusa dessolidariza-se inicialmente do que ela rejeita e vale como gesto único: abrindo subitamente para o incondicionado e tornando gritante o que eu evocava precedentemente, a título de noção última e mesmo insuperável, como o senso comum do humano. Ora, em sua vertente negativa, os direitos do homem conseguem exprimir *exemplarmente* essa universalidade da recusa.

4. Se anteriormente cheguei a tratar da capacidade "universalizante" dos direitos humanos, é porque preciso desbanalizar um pouco nossos termos usuais: marcar conceitualmente uma distância em relação às concepções esperadas, convencionadas e, em virtude disso, contraproducentes, do universal. Pois, frente à questão do status dos direitos do homem, estas não se encontrariam insidiosamente em desequilíbrio, o qual, por conseguinte,

convém ajustar? Correndo o risco, na falta disso, de chafurdar em discussões vãs e não poder desvencilhar-se completamente das contradições comuns em torno das quais vemos girar tantos debates atualmente: sem outra alternativa a não ser reivindicar uma universalidade arrogante dos direitos do homem, condenando-nos a desconhecer, numa negação que é mortífera para eles, quanto são culturalmente marcados – não apenas em seu advento histórico, mas também nos pressupostos nocionais e civilizacionais de que são fruto; ou renunciar, por despeito teórico, à arma insurrecional, de protesto, que eles constituem e que pode *a priori* servir universalmente hoje em todos os lugares do planeta: no que são, até este dia, sem equivalente nem substituto possíveis. Correndo o risco, eu dizia, de recair inevitavelmente, caso contrário, em uma ou outra destas vertentes opostas: de nos resignarmos ao absoluto de seu dever-ser (e de não mais estabelecê-los como princípios intangíveis) *ou* de fazer deles ingenuamente (ou de maneira astuciosa) o *credo* básico da nova ordem globalizada (e reatar facilmente, em virtude disso, com o imperialismo ocidental).

A propósito de *universalizante*, tomo um desvio em nossas palavras com vistas a exprimir ao mesmo tempo duas coisas: (1) em vez de supor nos direitos humanos uma universalidade que eles deteriam desde sempre, por uma espécie de inatismo conceitual, ou transcendentalismo, inspirado naquele da natureza humana, o *universalizante* sugere, por seu particípio presente, que o universal vê-se em curso, em marcha, em processo (não concluído): em vias de se realizar; (2) ao mesmo tempo, em vez de se deixar conceber como uma propriedade ou qualidade passivamente possuída, o universalizante sugere que ele é autor, agente e promotor: que é em si mesmo vetor de universal, e não por referência a e sob a dependência de alguma representação instituída; que não deve portanto ser indexado, como se faz comumente, sobre a extensão possível de uma verdade. Logo, entendo como capacidade universalizante dos direitos humanos que estes incitam ou *expõem* o universal: que, através de sua claraboia particular, histórica e ideologicamente recortada, eles revelam e põem em ação o princípio "regulador" deste – que é efetivamente o único transcendental que reconheço.

Pois, em suma, a questão é a seguinte: é preciso ou não – e a que título e que nível? – preservar um *incondicional* (ou "transcendental") cultural? Estabeleço-o, de minha parte, a título e nível único desse princípio *regulador* – estritamente funcional, e não nocional (ou "constitutivo") – do universal. O que é o mesmo que dizer, nesse caso, que os direitos do homem não são em si mesmos universais (a singularidade de seu advento mostra isso), mas que sua *falta* ou privação faz surgir claramente um universal do humano – transcultural-transistórico –, que, caso contrário, eu não poderia nomear; e em nome do qual posso dizer não, *a priori*, a tudo que os questiona, seja em que contexto for, e legitimamente protestar.

Qual a razão, por conseguinte, de nossas concepções do universal, conforme herdadas da filosofia clássica, nos levarem a claudicar ao pensarmos o status dos direitos humanos a não ser pelo fato de os fazerem ser considerados num plano que não é o deles, e isso duplamente? Fazem-nos ser considerados de um ponto de vista cognitivo, oriundo da tradicional teoria do conhecimento, e ao mesmo tempo positivo, como um conteúdo de enunciados acerca dos quais convém examinar se a adesão que exigem é, em si, legítima. Ao passo que o caráter universalizante dos direitos do homem é da ordem não do saber (do teórico), mas do operatório (ou prático): eles são convocados (eles "intervêm") para agir, em primeiro lugar, sobre *toda* situação dada. Por outro lado, sua extensão não é da ordem de um *credo* qualquer (de natureza ideológica) no qual ele seja obrigado a confiar, mas é entendida – negativamente – como aquilo que apenas sua falta revela subitamente de *a priori* (ou de incondicionado) no seio mesmo de nossa experiência; e, portanto, como aquilo ao que incondicionalmente apoiar-se para inaugurar uma resistência: ela é da ordem não da verdade, mas do recurso.

No que é preciso distinguir o *universalizante* do *universalizável*; o que os separa é precisamente essa diferença de plano. O universalizável é aquilo que aspira à qualidade de universalidade, enquanto enunciado de verdade. Depara-se dessa forma com o espinhoso problema de seu poder-ser: tendo que justificar em nome de que essa extensão que ele se arroga é legítima, o universalizável corre sempre o perigo de ser tachado de pretensão excessiva, concedendo-se mais do que ao que faz jus (uma vez que ele não é o universal comprovado); de ser considerado fraudulento, por conseguinte, ou, no mínimo, litigioso. Ora, o *universalizante*, por sua vez, é imune a esse problema de legitimidade: uma vez que é o que faz surgir – por falta e de maneira operatória – o universal, ele não aspira, faz; e medimos seu valor pela potência e intensidade desse efeito. Digamos assim que os direitos humanos são um *universalizante* forte ou eficaz. Pois a questão, com os direitos humanos, não é mais saber se eles são universalizáveis, isto é, se podem ser entendidos como enunciado de verdade em todas as culturas do mundo – de fato, nesse caso, a resposta é não: mas sim assegurar que produzem um *efeito* de universal servindo de incondicional (esta é sua função de arma ou ferramenta negativa) em nome do que um combate *a priori* é justo, uma resistência, legítima.

Isso significa dizer que preciso distinguir esse *universalizante* do "princípio de universalização" (*Universalisierungsgrundsatz*), com o qual Jürgen Habermas busca fundar racionalmente a legitimidade das normas que comandam as ações morais.[13] Pois, se ele separa os atos de fala constatativos de um lado (referentes aos fatos) e regulativos de outro (referentes às relações interpessoais), seja a verdade proposicional de um lado e a correção normativa de outro, ou a exigência de verdade e a de validade, nem por isso ele deixa de considerar estas segundo o modelo daquelas (o que, aliás, se justifica na opção cognitivista que é a sua, para investir contra toda atitude cética referente a seus valores). Assim ele concebe o princípio de universalização requisitado na argumentação moral como um princípio que desempenha papel equivalente ao do princípio de indução, permitindo, no discurso do saber, passar das observações singulares às hipóteses universais e de assim calafetar a fissura entre elas. Ora, é precisamente análogo do princípio de indução que faz passar, por generalização, de um a outro, ou melhor, do um a todos, lançando assim uma "ponte" – *als Brückenprinzip* – do individual ao universal, que me parece aqui suspeito: pois ele não me parece resistir, em sua forma argumentativa, ao que se impõe como um problema completamente diferente, insuspeitado pelo kantismo, a disparidade das culturas e a *indiferença* mútua de suas concepções, tais como precisamente a genealogia europeia dos direitos do homem nos faz avaliá-los. Sob essa nova luz, não podemos mais nos contentar em pensar o universal como o "imparcial" ou o "impessoal", toda pessoa concernida sendo compelida pela exigência do engajamento linguajeiro a adotar a perspectiva de todos os outros, como o faz Habermas em seu projeto de ética fundada na comunicação; mas convém, confrontando-o com o impensado cultural, isolar mais radicalmente o universo do plano da representação: não mais procurar uma extensividade nocional que correrá sempre o risco de ser ameaçada em outras culturas, mas ligar-se ao incondicional que sua *falta* – é este efetivamente o caso quando os direitos humanos estão em falta – faz subitamente aparecer.

Por outro lado, será que só podemos citar como *universalizantes* os direitos humanos (europeus)? De fato, lembro-me de ter pensado em reconsiderar o universal sob esse viés, lendo Mêncio. Pensemos no caso de um sujeito qualquer, percebendo subitamente uma criança prestes a cair num poço, é este o caso escolhido, logo tomado de pavor e que faz um gesto para segurá-la (não porque manteria uma relação privilegiada com seus pais, ou que quisesse fazer disso um mérito, ou, ao inverso, temesse ser criticado...): esse gesto nos escapa, ele é completamente reativo: não podíamos deixar de fazê-lo. Ora, Mêncio prossegue (II, A, 6): "Quem não tem tal consciência [moral] da piedade [como sentimento insuportável diante do mal que acontece aos outros: traduzir por 'piedade', nesse contexto, é, reconheço, desastroso] não é homem." Em suma, quem não estender o braço "não é homem". Em vez de partir de uma definição do homem que necessariamente fosse ideologicamente determinada e, em virtude disso, singular, Mêncio faz surgir – e isso *negativamente*, por sua vez, a partir de sua falta inadmissível – o que, em si, enquanto reação descontrolada de "humanidade", tem vocação de universalidade. Não se trata então no caso de um "universalizável" da ordem da representação, cuja extensividade possível seria preciso validar enquanto enunciado de verdade; mas desempenha a título de *universalizante* essa *recusa* irreprimível: de deixar a criança cair no poço. "Homem", aliás, está aqui apenas em posição de predicado, não de sujeito: pois é ter essa consciência da piedade que *faz* o "ser-homem".

O que entretanto separa esse *caso*, do qual Mêncio extrai sua lição moral do conceito dos direitos humanos, é que os direitos humanos beneficiam-se de um status de abstração que os torna transculturalmente operatórios – daí sua comodidade inigualável para intervir em quaisquer circunstâncias. Além disso, eles envolvem deliberadamente uma resistência política, frente à opressão, que não encontramos nos pensadores chineses. Por outro lado, Mêncio consegue igualmente fazer surgir em função de *universalizante*, fazendo aflorar do universal colado na experiência, esta é efetivamente sua imagem (a de um "fim" que desponta subitamente), um incondicional humano acerca do qual pode ser afirmado *a priori* que é transculturalmente partilhado. Mais cruamente ainda: esse grito que lançamos (esse braço que estendemos) diante dessa criancinha, gotejante, prestes a cair no poço, é, evidentemente, sem que seja preciso interpretação nem mediação culturais, aquele – "essencial" (*ben*, diz o chinês) – do *senso comum do humano* (cf. noção de *ren*). Levar em conta, em outras palavras, a disparidade das culturas e a maneira como ela nos obriga a desentocar o impensado de nosso pensamento, não significa por isso renunciar à exigência do comum. Mas ainda é preciso entender a maneira de conceber esse "comum".

XI. Nem síntese, nem denominador, nem fundamento, ou de onde vem o comum

1. O comum das culturas é geralmente considerado segundo estas imaginações sugestionáveis e jogos invertidos: ora reunimos, ora isolamos; ora casamos, ora selecionamos. Ora sonhamos com uma síntese das culturas pondo em comum o que se completa com isso; ora separamos, ao contrário, e, distinguindo através delas o que haveria de idêntico, retemos apenas seu denominador. A primeira abordagem carrega consigo a ambição de uma aliança feliz, nascida da totalização, e repousa no velho mito da binaridade, onde um vem oferecer-se complacentemente ao outro: assim, ela é particularmente privilegiada entre o "Oriente" e o "Ocidente", erigidos em polos da experiência humana – "*East and West*", o grande casamento simbólico.[1] Peguem a questão do "tempo": por sua clareza analítica, é o que nos dizem (Wu Kuang-ming, um dos intelectuais chineses mais conhecidos nos Estados Unidos), o Ocidente forneceu seu conceito rigoroso e "básico" enquanto ferramenta universal – *a basic, primitive or primary concept* – tão indubitável (indispensável) quanto "A is A", tamanha sua evidência; a China, por seu turno, fornece sua "carne e sangue" – *the flesh and blood*, iluminando o "tempo vivido".[2] Assim, os dois são estimulados a se esposarem: o abstrato e o objetivo de um lado (o "Ocidente" da razão), o concreto e o subjetivo de outro (o "Oriente" da intuição). Um é o "óvulo"; o outro, o "sêmen": a China é *yin*; o Ocidente, *yang*. Seria possível ilustrar mais eloquentemente o que, entre culturas, constitui o mistério de sua "fecundação"?

Mas como esses provedores da grande simbiose cultural, tão numerosos atualmente, em especial entre os chineses americanizados (essa opção está mesmo em vias de se tornar um dogma na Costa Oeste), não veem que pensam a diferença das culturas exclusivamente nos termos ocidentais (mesmo quando se exprimem em chinês: "concreto"/"abstrato", "sujeito"/"objeto" etc.), não concebendo, por conseguinte, a sua a não ser a partir do outro, do qual não passa então senão de um reflexo, e segundo suas classificações? A comunidade das culturas parece mais assegurada no futuro na medida em que todas elas já não são percebidas, através da mídia conceitual europeia, senão a título de simples variantes exóticas da ocidental. Pois, caso contrário, segundo qual harmonia preestabelecida elas sairiam de sua heterotopia e disparidade inaugurais para virem se encaixar *in fine*, independentemente do estranho recorte dos respectivos elementos, com a exatidão de um quebra-cabeça? Que desenho de conjunto elas viriam rematar que não fosse aquele, pré-categorizante, das ciências humanas (europeias), inicialmente erigido? Até mesmo a famosa "fecundação" entre culturas, se insistirmos nessa imagem, deriva de gestações cada vez mais singulares, de estratégias mais oblíquas, mais elaboradas – *inventadas* – do que pelo simples contato e abraço entre mundos.

Eis o que, não obstante, é anunciado segundo essas fórmulas com aspecto de slogan recortadas com precisão, ideologicamente tão cômodas: "O terceiro milênio", decretam, "será o da síntese, ou não será." O tom é efetivamente o da pregação milenarista: "*In this way our homo-ecological symbiosis will finally happen and we will truly enjoy together our global cultural togetherness.*"[3] No mínimo, reencena-se displicentemente o *happy end* aprendido das cúpulas políticas (a famosa "moção de síntese", reconciliadora, promovida no desfecho de discussões tempestuosas): a nova cultura globalizada é representada, doravante, como Parlamento do mundo que se permite integrar democraticamente todas as diversas correntes – ela não poderá deixar de... Descreveram-me muitas vezes o cidadão cultural do mundo do futuro como alguém que faria suas compras em lojas de atacado, nessa espécie de "supermercado" mundial da cultura, e escolheria à vontade produtos nos expositores, passando de uma prateleira a outra, para carregá-los em seu carrinho... Mas a imagem é falsa: as noções e representações culturais não são dessa forma dissociáveis de seu contexto para se deixarem organizar lado a lado, na prateleira do "racionalismo" ou do "hedonismo", ou da "salvação" (uma pitada de *zen* – uma pitada de epicurismo – uma pitada de teologia negativa – uma pitada de... e vocês preparam, ao voltarem para casa, sua felicidade). Pois como não nos damos conta de que essas prateleiras foram erguidas exclusivamente pelas categorias da razão europeia, de que é a cultura ocidental, doravante globalizada, que concebeu suas embalagens, suas classificações e até seus rótulos – e até mesmo construiu integralmente essa imensa loja que se tornou um grande bazar – dispostos como são agora, com seus circuitos projetados para o consumo?

O partido oposto da síntese é a análise: decomporemos em elementos primordiais as crenças e religiões – todo o ideológico que o mundo contemporâneo faz agora comunicar-se – para nelas discernir o que se delineia. Em virtude de não se apresentar como um núcleo duro, idêntico, o comum pode situar-se aí ao menos como uma relação comparável entre termos, uma forma análoga de interseção ou de mediação.[4] A partir dos anos 1990, a Unesco trabalhou intensamente nessa identificação de pontos de aliança: contribuindo para formular uma ética "global" ou "planetária", eles supostamente estimulam as relações pacíficas entre culturas. O tom aqui novamente (pois o *tom* aqui também faz eminentemente parte da coisa) é no estilo da *Declaração* solene: "*We confirm that there is already a consensus among the religions which can be the basis for a global ethic – a minimal fundamental consensus concerning binding values, irrevocable standards, and fundamental moral attitudes ...*"[5] Evitarei traduzir, pois de tal forma os termos não apenas são novamente os da língua ocidental padronizada, isto é, americanizada: "*hopes, goals, ideals ...*",[6] como são praticamente indissociáveis das ligações e estilos idiossincráticos – até os acentos e entonações que imaginamos – em uso nesse gênero de *meetings* (se eu traduzisse, não sobraria realmente mais nada...).

Ora, comparemos novamente com essa primeira época de globalização que foi (para o Ocidente) o Império Romano. Avaliemos um e outro: o que, diante do afluxo de todos aqueles que vinham morar em Roma e não seriam sujeitos à lei romana, os juristas latinos codificaram em seu *jus gentium*, "direito das nações", como uma espécie de menor denominador comum entre os costumes de todos os povos conhecidos – e, por conseguinte, como o que estaria mais próximo da justiça para a maioria – tinha pelo menos o mérito de ser diretamente útil para o estabelecimento da vida social. Eles não pretendiam uma verdade de princípio, procuravam apenas tornar juridicamente viável essa coabitação de costumes e crenças tão diversos. Isso servia, efetivamente, para implantar o direito; e não procurava dissimular, como fazem hoje os arautos de uma ética global, o que todo empreendimento que se limitasse a recolher e recensear o comum preserva até agora – pela própria língua e o ferramental usado nesse inventário – de *construído*.

Pois dizem e repetem atualmente nos projetos de *Global Ethic*, a título de elemento mínimo mas que seria indubitável: todas as tradições morais e todas as religiões através do mundo preconizam a paz ("*a vision of peoples living peacefully together*")[7] –, e quem então ousaria sustentar que a paz não é desejável? Ora, mas podemos esquecer que Heráclito, entre os gregos, Hegel, entre os modernos, para citar somente eles, *foram obrigados* a pensar a lógica instigadora da guerra para valorizar a função, inclusive ética, do negativo? Esta mesma que logo faz aparecer todo esse desdobramento contemporâneo da consciência limpa pelo que ele é: uma incapacidade medrosa de se responsabilizar efetivamente por esse *negativo*, isto é, pensar e extrair da negação puramente destrutiva o que poderia ser um uso fecundo e inventivo dela. É inclusive nessa compreensão do negativo e de seus caminhos promissores, mas ainda não identificados, que vejo o principal trabalho do intelectual na época das padronizações consensuais.[8] A propósito, surpreende-me que nem todos os idealizadores de todos esses fóruns das religiões e Davos da cultura se tenham interrogado mais sobre o parco interesse suscitado por seu empreendimento, uma vez passado o efeito de anúncio (excetuo a Unesco, cujo interesse é compulsório e estatuído).[9] Por que então *The Declaration Toward a Global Ethic* (do Parlamento das Religiões do Mundo, 1993) não teve o mesmo efeito que a *Declaração universal dos direitos do homem*, que, não obstante, esse texto pretende imitar? É que os direitos humanos são um conceito forte, como eu disse, do qual ao menos a vertente negativa, de resistência, valendo como universalizante, possui um gume ainda afiado. Ao contrário, a "ética global" não passa de uma coletânea de truísmos. Ora, os truísmos não têm interesse nem efeito; não são sequer "verdadeiros". Em todo caso, não engendram a História.

E, no entanto, o que acontece com a "regra de ouro"? Não há, pelo menos em relação a isso, um belo consenso das civilizações? Podemos lê-la duas vezes nas *Conversas* de Confúcio (IV, 5; XV, 23): "Zigong perguntou: 'Há uma palavra que possamos pôr em prática durante toda nossa vida?' O Mestre respondeu: 'Não seria a reciprocidade? O que não desejamos a nós mesmos, não fazê-lo aos outros'" (cf. Mêncio, IV, A, 9). Ora, esse enunciado acha-se no Antigo Testamento (Tobias, 4, 15a) e no Novo (*Sermão da montanha*), mas igualmente em Isócrates e no imperador Alexandre Severo (no frontão de seu palácio: "*Quod tibi fieri non vis, alteri ne feceris*"); e não é difícil estender essa lista através do Islã, do budismo, do hinduísmo etc. Das *Minima moralia* comuns a toda a humanidade, esta seria a mais autêntica. Ora, no entanto, como analisaram colegas alemães, U. Unger e G. Wohlfart, até mesmo essa fórmula básica, a mais elementar, revela uma dimensão singular no contexto das *Conversas*.[10] Em vez de ser apresentada como um, ou melhor, o preceito compulsório, ela emerge de uma troca de palavras entre parentes, e Confúcio a propõe apenas como um caminho possível de reflexão. Em vez de servir como máxima abstrata, prefiguração do imperativo categórico, ela permanece marcada pelo sentido chinês da ressonância, ou *responsivity* (*gan-ying*), segundo o qual a ética não se separa do afetivo, e de tal forma que todos os seres são percebidos originalmente em interação e vibração entre si (tal como dizia também o grego antigo em "*sym-pathos*"). Privá-la disso seria enrijecê-la como se enrijeceram, se estereotiparam e se tornaram banais tantos "irrevogáveis padrões" do discurso mundial contemporâneo.

2. Porque é imediatamente projetada, a *complementaridade* das culturas corre sempre o risco de proceder da fantasia, tanto a do ecumenismo e da reconciliação quanto a de ser produto exclusivo de uma assimilação prévia, operando secretamente e permanecendo insuspeita, de onde deriva em seguida, sobre fundo categorial único, a ilusão de um feliz acoplamento: seu *comum* tem todos os motivos para ser artificial. Quanto aos *recortes* entre culturas, correm sempre o risco de serem superficiais, uma vez que, como procedem necessariamente do exterior da coisa, nunca é certo que alcancem o individual. Contra esses lugares-comuns, colhidos aqui e ali no diverso das civilizações, não poderíamos então impor um comum mais sólido que fosse o da Razão? Ou, para sair desses efeitos de perspectiva e jogos superficiais, como o comum, tanto entre os homens quanto entre as culturas, poderia encontrar mais aquém sua base e justificar sua exigência? O racionalismo contemporâneo, com Apel e Habermas, tentou fazê-lo: para estabelecer um comum mais sólido e ainda que seja irrecusável, nada mais convincente do que fazê-lo surgir do estatuto mesmo da linguagem concebida como *comunicação* e servindo-lhe de "fundação".

Vemo-nos então impelidos a deixar de lado os paradigmas tradicionais da filosofia da verdade-correspondência (na ontologia) ou da verdade-evidência (na filosofia da consciência reflexiva e do sujeito transcendental) para perceber, passando por cima da questão das condições do conhecimento, que é diretamente das condições de possibilidade do discurso sensato que a comunidade entre os homens, enquanto *comunidade comunicacional*, está à procura.[11] Com efeito, as regras de uso da linguagem são regras cuja validade reconhecemos implicitamente a partir do momento em que falamos, logo que todos os homens *a priori* partilham. Por conseguinte, é exclusivamente na atividade da comunicação pela fala que se experimenta e verifica, entre todos os homens, ou melhor, desde que haja homem, em todos os lugares como em todos os momentos da história humana, o que convém reconhecer efetivamente como o *transcendental* do comum. Pois, a partir do momento em que falamos, tanto com nós mesmos como com os outros, operamos esse transcendental (*a priori*) e não podemos fazer de outra forma. Invertamos, portanto, a ordem tradicional das partes da filosofia, sugere Apel: o comum que a ética busca promover não deve mais ser construído *depois* da lógica da qual ela buscaria – mas isso não é vão? – preservar o rigor: ao contrário, vemos que a lógica pressupõe, por sua vez, essa ética (do comum), prerrequisito na comunicação. Ou, caso continuemos a apelar ao *consenso*, este não é mais então, como anteriormente, objeto de operações ideológicas mais ou menos incertas ou recheadas de boas intenções: uma vez que sua exigência nos é dada e nos guia *a priori* através dessas regras que todo discurso faz partilhar e às quais ninguém, ainda que não falando senão consigo mesmo, *pode* escapar.

Logo, o *comum* não será tanto *o que* os homens jamais poderão se dizer, a título de "conteúdo", ou isso, incluindo todas as suas moções de síntese e votos de aliança, não o será nunca senão secundariamente: eles não farão aí senão explicitar, no nível das intenções ou concepções, esse comum que se acha desde o início formalmente implicado e nos é fornecido como o mais originário:

a simples possibilidade de uma *fala sensata*. Pois basta que eles digam, e seja o que for que digam: em virtude de seu status ao mesmo tempo pragmático e transcendental, esse comum vê-se atestado por qualquer fala ao mesmo tempo em que nenhum princípio anterior poderia dar conta disso – alcançamos efetivamente com ele o "último fundamento" da razão. O que Aristóteles já mostraria a propósito do princípio de não contradição apresentando-se como a regra primeira de todo *logos*, seu primeiro axioma, e fundando a "comunidade da fala", *koinonia logou*: de um lado, esse princípio não pode ser justificado sem que se veja já implicado por sua vez nessa justificação, o que leva fatalmente à petição de princípio; porém, ao mesmo tempo, o adversário desse princípio de não contradição não pode buscar refutá-lo sem ele próprio operá-lo, a partir do momento em que diz alguma coisa e produz uma fala sensata, e portanto ele mesmo subscrevê-lo, e por conseguinte contrariá-lo. Queira-se justificá-lo ou refutá-lo, esse princípio é pressuposto, e quem "procura destruir o logos ... ainda o sustenta" (*Metafísica*, G, 3-4). Pois, a partir do momento em que fala, ele se vê submetido a essas regras da fala e participa *de facto* da comunidade dos que falam e significam. Caso contrário, excluindo-se desse comum, ele se exclui simultaneamente da humanidade – soçobra na inumanidade. Torna-se "como uma planta", diz Aristóteles; é igual ao suicídio, diz Apel.

Podemos nos satisfazer com isso? A questão não retornaria, inevitavelmente, para quem quer fundar o comum em razão, no "transcendental" da comunicação: mesmo concebida num modo ideal, a comunidade comunicacional à qual tendemos, aceitando implicitamente as regras, resistirá completamente à defasagem das culturas? Uma vez que o ponto de vista aqui requerido é igualmente pragmático, não hesitarei em fazer intervir, de minha parte, com vistas a debatê-la, minha própria prática de sinólogo: não seria, aliás, talvez por falta de "filologia", no sentido em que a entendia

Nietzsche, que, demasiado confiante na generalidade linguística, essa concepção pecaria em primeiro lugar? Pois, pergunto: não acontece, entre europeu e chinês, atendo-nos a esse caso, de podermos querer respeitar igualmente as (mesmas) precondições *a priori* da argumentação que, falando na língua de um, mas que o outro conhece, nos vejamos, contudo, traídos por esse meio e impedidos de nos entender efetivamente? Pior: podemos julgar nos entender com o outro, entre culturas, sem sequer suspeitar quanto estamos em *dissonância* com ele e não o entendemos. O apelo vai direto às condições requisitadas de imediato pela fala, mas será que ele avaliou suficientemente a densidade de implícito acumulada na língua, do qual nasce uma singularidade idiomática? Por outro lado, pergunto-me se essa comunidade comunicacional não foi concebida em função de expectativas mais propriamente argumentativas, as privilegiadas pelo pensamento europeu, e que não são, portanto, completamente pertinentes a não ser a partir dele. Não necessariamente que outras culturas as ignorem, falando propriamente, mas talvez passem com discrição à margem de sua exigência ou pelo menos mantenham com elas um laço mais frouxo, menos coercitivo e estimulando outras modalidades da fala.

O primeiro caso é aquele cuja experiência fazemos incessantemente, sobretudo entre culturas que se desenvolveram sem relações entre si, de língua ou de história. Exemplo: traduzo (só posso traduzir) *shen* (em chinês; *kami*, em japonês) por "espírito" ("*the spiritual*"), mas, ao fazê-lo, mobilizo de ambos os lados setores latentes de significação que não se recortam senão parcialmente e cuja confusão desnorteia (ou, exemplo precedente: se traduzo *tian* por "céu", "celestial", ou *tian shi* por "alimento celestial", o que efetivamente é a única tradução possível).[12] Esta é mesmo a experiência pedagógica que faço com bastante frequência: o texto chinês está corretamente traduzido, e não pode ser traduzido de outra forma, mas nem por isso ele significa em francês o que significa em chinês.[13] Pois o que é ao certo "partilhar a significação linguística", como diz Apel, retomando Aristóteles, que tinha como primeiro requisito a exigência de dar o mesmo sentido às palavras? Só depois de uma lenta e paciente maturação no seio da outra cultura, segundo o que chamei anteriormente de "ofício", é que nos damos conta progressivamente da dissonância: basta começar a avaliá-la e a reduzir mentalmente a defasagem, não obstante continuando necessariamente a traduzir assim – é uma questão de meros ajustes. Por conseguinte, esse obstáculo encontrado não tem nada a ver com o que os linguistas chamam de perlocutório e que Apel leva em consideração: que o interlocutor possa muito bem não compreender tudo dominando perfeitamente a língua, porque o enunciado serve então a fins mais remotos (visa ajudar ou atrapalhar etc.). Mas ele consiste no que convém efetivamente reconhecer como um *implícito* cultural que, como tal, ramifica-se ao infinito e impede assim de esperar atingir, por essa via, algum fundo ou "fundamento" qualquer; nesse sentido, a língua, subjacente, é também, em virtude disso, "su-jeito" à sua maneira, e não apenas (comodamente) meio: a língua (*uma* língua) fala também numa certa medida, previamente, através de mim. Assim, o equivalente sugerido pela tradução, não podendo ser senão oblíquo a esta, implica todo um processo de familiarização, aliás nunca encerrado, para entrar pouco a pouco nessa outra coerência, participar de sua inteligibilidade secreta, e isso trabalhando contra a tradução adotada.

A título, por outro lado, das expectativas, instaurando sinuosidades e orientando insidiosamente o que Apel entende por "comunicação", e que me parecem muito estreitas do ponto de vista de outras culturas: desnecessário citar em primeiro lugar a pretensão à verdade, acerca da qual é dito que está não apenas ligada às proposições pelos atos de fala assertóricos, como também indiretamente a todos os outros atos de fala sob a forma de pressupostos existenciais. Ora, eu me pergunto se isso mesmo é verdade a propósito, por exemplo, das *Conversas* de Confúcio: estas visam "incitar", dão um empurrãozinho no discípulo, "colocando-o no caminho" (da sabedoria), e são concebidas "a propósito", *ad hominem* – contentam-se em sugerir no imediato e não dizem tudo (cf., por exemplo, XI, 21). Eis por que Confúcio pode, à mesma pergunta, responder diferentemente a uns e outros, até mesmo diferentemente à mesma pessoa, o que não constitui problema (cf. sobre a piedade filial, *Conversas*, II, 5-6-7-8). Sua afirmação varia oportunamente de acordo com o momento para revelar sucessivamente qual é, em sua adequação não codificável à situação, a exigência perseverante da conduta (sentido de *zhong*, o "centro", entendido como *regulação*) – ele não "diz" a verdade.

O ponto é crucial e deve ser detidamente considerado. Pois não digo que Confúcio "não pretende à verdade", ou que ela lhe é indiferente, se porventura essa pergunta lhe fosse feita, mas que não é decerto *sob esse ângulo* que ele concebe sua fala. Introduzir aqui a noção de verdade, mesmo no modo mais discreto de um "pressuposto existencial", falseia a perspectiva ao abrigar o discurso de sabedoria – tal como se estende de Confúcio às afirmações dos Mestres do *zen* – sob a injunção filosófica. Seu problema, ao contrário do que nos é relatado sobre Sócrates, não é o da definição das essências: assim, não visa a produzir enunciados. Eis por que, aliás, as *Conversas* são tão decepcionantes à (primeira) leitura e por que tantos europeus as consideram insípidas, Hegel à frente[14] ("o livro mais belo do mundo", dizia, em contrapartida, o grande sinólogo japonês Yoshikawa Kojiro): nelas não encontramos praticamente nada a título proposicional, o que seria um truísmo, ao mesmo tempo em que raramente correspondem a fins estratégicos (segundo a distinção apeliana: "consenso comunicacional"/"comunicação secretamente estratégica"). Porém, de tanto lê-las e relê-las, memorizando-as e "saboreando-as", isto é, deixando emanar da menor fórmula o alcance ilimitado daquilo que nelas, a bem da verdade, é menos sentido do que "estímulo", descortinando a cada vez um panorama sobre a "globalidade" da sabedoria, percebemos nesses "discursos sutis" (*wei yan*) um valor *indicial* que é sempre vivo (*huo yu*), nunca chafurda em lição e, em sua disponibilidade, "não poderia se esgotar".

Da mesma forma, quando Apel considera que são pressupostos, a título de normas ideais da comunicação, direitos e deveres iguais na argumentação, eu me pergunto, mais uma vez, se o discurso de sabedoria corresponde a essa preocupação, e inclusive se a "pressupõe": se a relação mestre-discípulo, pelo menos no Extremo Oriente, não se acha sub-repticiamente desviada diante dessa igualdade direitos-deveres estabelecida como princípio; e se não insistimos, do lado europeu, num protocolo do diálogo tal como Sócrates o estabeleceu para fundar a *homologia* democrática, mas que se encontra desestabilizado assim que abrimos as *Conversas*. A reciprocidade na argumentação ali está corriqueiramente *enviesada* (cf. quando Confúcio recusa-se a argumentar com Zilu, *Conversas*, XI, 24), o discurso de sabedoria parecendo trabalhar à margem, ou melhor, na ignorância, ou no desdém, dessa preocupação de igualdade. Esta não lhe concerne. Pois o problema que Apel não tira da cabeça (na verdade, que se estende de Aristóteles a Apel) é o de convencer o cético da universalidade da razão e justificar sua fundação possível: ora, *passar à margem* dessas exigências apelianas, como faz o discurso de sabedoria da China antiga, é bem diferente de duvidar delas e dar mostras de ceticismo. Assim, quem se atém a estas, como normas comunicacionais *a priori*, não encontrará doravante nas palavras das *Conversas* de Confúcio, mediante leitura padronizada, senão um fac-símile pobre, incolor, horizontal (porque não construído) de nossa filosofia – o que compensamos geralmente *a posteriori* recorrendo ao exotismo: obrigados a passar sob essas forcas caudinas, eis que eles se tornaram insípidos, com efeito, como dizia Hegel contra seu "sabor" chinês, e tão desinteressantes quanto qualquer moralismo.

3. Recuemos um passo. Habermas, por sua vez, está consciente do fato de que fundar o comum da razão a partir das regras implícitas da argumentação é passível da crítica de etnocentrismo. Mais que isso: uma vez que únicas a "corresponderem à maneira como representamos a justiça", pergunta-se enfim o filósofo europeu: "as normas e ações que encarnam interesses universalizáveis" não constituiriam um ponto de vista particular, próprio apenas da cultura ocidental?[15] Novo "paralogismo" da razão, desconhecido de Kant, que o depoimento dos antropólogos finalmente revela. Assim, Habermas volta à exigência transcendental projetada na fonte do comum: o sentido e seu regime consensual, que não fazem por sua vez exigência senão por falta de regra de substituição, não poderão assim ser reconhecidos – obtidos – senão por intermédio e dentro da *discussão*. Definitivamente, só é confiável a ética da comunicação que visa a produzir a convicção e a concordância subjetiva ao conduzir o ouvinte racionalmente (*durch Gründe*) a aceitar a exigência de verdade associada à afirmação sugerida: é somente com essas regras da discussão, *Diskursregeln*, que não nos vemos mais em presença de convenções, mas sim de "pressupostos incontornáveis".[16]

Ora, assim como as *Conversas* de Confúcio nos obrigam a sair do espartilho das regras argumentativas (isto é, se lermos essas *Conversas* segundo sua prescrição, elas perdem então todo relevo), essa ética da discussão não continua estreitamente concebida, mantendo vínculo eminentemente grego também, com a virtude da fala? Ela me parece sujeita a caução, em todo caso, e muito menos inelutável do que se anunciava, a partir do momento em que a considero a partir da "fala sem fala" (*yan wu yan*) dos taoistas (cf. *Zhuangzi*, cap.27).[17] Não aprendemos com eles que podemos muito bem, entre nós, falar o dia inteiro, e mesmo a vida inteira, "sem jamais ter falado": mantendo-nos na intimidade um do outro, conectados um ao outro por uma fala ininterrupta, mas sem que jamais tenhamos "dito" nada, com efeito – sem que jamais haja se manifestado o desejo de produzir um "sentido", sem que nada, à noite, valha a pena ser retido como "enunciado"? Como podemos igualmente, "não falando, não ter deixado de falar":[18] não cessamos de nos compreender, permanecendo na compreensão mútua um do outro sem precisar nos dizer nada; sem precisar recorrer a sinais patentes, e esse silêncio não é "eloquente"...

> A *convicção, Überzeugung*, sobre a qual se fundamenta Habermas como sobre uma rocha, última mas inabalável, aparece efetivamente na China como uma "coisa grega". Em todo caso, convencer o outro não é uma ambição taoista e nem o taoista cogita isso. Mas dizer "apenas", "à margem", "ao sabor", e até mesmo falar (escutar) "como extravagante" são uma arte desempenhada a partir do que os gregos (Sócrates) aprimoraram admiravelmente como a exigência persuasiva que encontramos em ação no diálogo. Assim, tangenciaríamos sem complexo as coerções da comunicação aparentemente tão mesquinhas; até mesmo as regras e todo protocolo da discussão são desdenhados. Ou "como eu poderia encontrar alguém que houvesse esquecido a fala", diz Chuang-tzu, "e falar com ele" (Guo, cap.26, p.944)? Para produzir uma "concordância subjetiva", como reivindicava Habermas, essa fala sem fala não se submete à determinação de um "sentido", não incide sobre um "objeto", não tem mais nada de visado ou atribuído, mas aspira a uma aliança implícita e ao mesmo tempo imediata ("intuitiva", dizemos geralmente por comodidade), que, como tal, estende-se aos outros de maneira incitativa e discreta, no "além das palavras" (*yan wai*) e sem preocupação com as pretensões, demasiado artificiais, da verdade.

Para defender essa ética da discussão, sobre a qual se construirá o comum, Habermas junta-se a Apel para mostrar como seu oponente se contradiz a si próprio, *de facto*, em ato ou "performativamente": quem se nega a subscrever as regras *a priori* da argumentação, mostrava Apel (já Aristóteles), é, contudo, obrigado a recorrer a elas a partir do momento em que argumenta contra elas. E da mesma forma Habermas: devemos entrar em discussão com todo sofista que se recusar a admitir esses *a priori* éticos para lhe mostrar, flagrando-o no erro, que com seu comportamento ele próprio está sempre traindo sua posição declarada, uma vez que ele também exige convicção; ou, exclusivamente em virtude do fato de ele permanecer implicado em relações vividas, como não pode deixar de fazê-lo, não cessa de fazer performativamente apelo – ao longo do dia – a isso mesmo que ele pretende abolir. "Na medida em que ele permanece simplesmente em vida", o cético não faz senão entregar-se a uma "robinsonada muda", decreta Habermas, que "não alcança sequer o grau de representabilidade de uma experiência fictícia".[19] Voltamos ao dilema: a adesão prévia aos requisitos da "razão", sempre já suposta, ou a exclusão da humanidade.

Ora, precisamente: como ele não busca ocupar uma posição "cética" diante da do cognitivista, o taoista cairá na armadilha dessa contradição pragmático-transcendental? Pois ele se presta igualmente à discussão, e inclusive nem pensa em reclamar contra ela, mas tampouco, por isso, faz dela uma coerção: ele não se empenha em duvidar de sua pertinência, considerando-a tão somente oportuna.[20] Pois ele nem se submete ao princípio de não contradição, nem tampouco renuncia a ele – por que nos deixaríamos confinar nesse dilema e não podemos descerrá-lo? Por que não nos comportaríamos nisso como no resto: evoluindo "de acordo com o momento", "ao sabor"? (cf. Mêncio a propósito de Confúcio: "Da sabedoria, é o momento", V, B, 1). "Uma vez que banimos a disjunção [do verdadeiro e do falso, do bem e do mal], banimos também esse banimento [da disjunção][21]"... Da mesma forma que "labuta sem labutar", ou "saboreia o não sabor", o Sábio não fica prisioneiro nem de um nem de outro: nem ele se deixa coagir pela lógica de exclusão, nem tampouco se priva de seu recurso. Nem ele se "apega" a ela, nem tampouco a "abandona". Assim como a "dobradiça" da porta, ele continua aberto tanto a um quanto a outro, tanto a seu uso quanto a seu não uso, e este é efetivamente seu "grande uso" (*da yong*), cuja "amplitude" expressa aqui que não é excludente. Entre a perda provocada de um ou outro lado, do lado da submissão e do lado do abandono, não subsiste uma margem em relação a elas, e de tal forma que torne o Sábio eminentemente disponível? Enquanto nem Apel nem Habermas *imaginam* sair de seu aristotelismo do terceiro excluído, vemos dissolver-se (não resolver-se) nesse "ao sabor" dos taoistas, mantendo uma abertura igual tanto para um quanto para o outro, essa alternativa que a razão, ocidental, desde Aristóteles, tão bem aguçou: ou nos submetemos ao comum da razão comunicacional, governada que ela é, *a priori*, ou perdemos definitivamente toda comunidade possível.

4. Apel e Habermas, a princípio, colocavam a mesma questão: como salvar a ética da hidra do irracionalismo quando a autonomia kantiana parece não bastar para isso? Para escapar aos impasses do formalismo da moral, eles não cogitam outra saída, aquém desta, senão procurar a universalidade na regulação mesma da linguagem concebida como comunicação. Ora, tal *regulação* não seria por sua vez arbitrária, ou pelo menos culturalmente marcada? É o que nos perguntamos ao sair do contexto europeu. Isto é, não seria em virtude exclusiva do *logos*, como sugerem – entre outros exemplos, sem dúvida, não faço aqui senão me basear em minhas próprias leituras – os textos de sabedoria da China antiga extrapolando com desenvoltura, sem complexo nem remorso, em sua vertente confuciana ou taoista, essas precondições impostas? Pois como estar seguro de haver alcançado o prévio, a fonte primordial, o que constitui origem? Como terei certeza de haver remontado suficientemente aquém da defasagem das culturas para finalmente desnudar a origem *a priori* da Razão?

Dessa forma, penso que a estrada deve ser percorrida no sentido inverso, voltando-nos para Kant precisamente, mais uma vez, mas igualmente de maneira oblíqua, isto é, abordando o comum da humanidade não diretamente do ponto de vista da ética – o da razão prática –, mas cruzando, como comecei a fazer, os do conhecimento e do juízo (nas duas outras *Críticas*). Reconsiderando, em outras palavras, a comunicação de onde provém o comum não mais sob o ângulo das coerções normativas e como tais prerrequisitadas, mas a título de *capacidade* derivando de um poder das faculdades: não a título de regulamentações implicadas, acerca das quais sempre nos arriscamos a constatar que são ignoradas alhures ou passíveis de desdém, mas a título de um *poder-ser* indefinidamente partilhável – aquele mesmo que comecei por evocar, segundo Kant, como *comunicabilidade universal*. Voltando a partir, por conseguinte, não de um último avatar de inatismo, mais sofisticado, e sim do que estabelecermos como resolutamente prospectivo: conhecimentos e juízos "devem poder", nos diz Kant, "ser comunicados [ou 'partilhados'] universalmente", *müssen sich ... allgemein mitteilen, lassen*.[22]

O comum da humanidade, parece-me efetivamente, *não reside em* (o que seria da ordem da fundação ou da referência) – nem deriva de alguma coisa, nem permanece aferrado a ela: não reside em regras ou normas às quais aceitaríamos prontamente obedecer, *a priori* (Cânone do Bem ou do Belo, ou mesmo essas regras do "discurso sensato"). Pois poderemos sempre suspeitar que elas encerram esse comum no comunitário, uma vez que nunca cessaremos de nos perguntar, ao fazer sua genealogia, se seus códigos não são codificações e, como tais, ameaçados de exceção e suscitando ainda mais violentamente, em contrapartida, o anátema da exclusão, como constatamos sintomaticamente, segundo uma espantosa continuidade, de Aristóteles a Habermas, antes impassíveis: quem não respeita o discurso sensato não passa de uma planta, um coagido ao suicídio, expulso da humanidade... Esse comum do humano "vem", digo eu em contrapartida, e não cessa de vir, ele é da ordem da fonte – do que por si só constitui inesgotavelmente *recurso*. O comum não é fundo, como falamos do fundo de uma caixa (*fundus*) que acaba por aparecer quando dela tudo retiramos: quando tivéssemos retirado – abstraído – todas as diferenças entre culturas. Mas ele é fundo (*fons*) no sentido de possível a explorar: no sentido desse *indefinidamente partilhável*, e isso por intermédio e no âmbito de uma comum inteligência, propiciando assim, por transbordamento contínuo, uma compreensão que supera – não cessará de ter que superar, integrando-os – toda fronteira e todo particular. Apenas tal comunicabilidade no inteligível, não que julguemos dada, mas em processo, manterá o comum aberto. É nesse poder-ser, a ser desenvolvido e não dado como condição prévia, que está o comum. *Posso* aprender a apreciar obras de arte de todas as épocas e tradições e comunicar-me com elas mesmo quando as exigências que cercaram sua produção são ignoradas ou opostas (tanto uma Madona da Renascença quanto um quadro cubista); da mesma forma que *posso* aprender a ler, embora formado na gramática do *logos*, textos que desorientam suas exigências: na China antiga ou na poesia contemporânea.

Pois esse gesto teórico de Apel e de Habermas, gesto clássico, apesar de tudo, e tranquilizador, se é que isso é necessário, o de reinscrever algo do requisito numa constituição nativa, e portanto agarrar-se mais uma vez ao velho dogma da natureza humana, não poderia evitar essas armadilhas mais comuns? Aquelas com que inevitavelmente é confrontado todo empreendimento que busca *fundar* no "originário": entre elas, por conseguinte, ter que articular a cultura com a natureza, isto é, entre o que derivaria de uma lei intangível, predeterminada, *a priori*, e o curso em mutação da História. Eles não conseguirão despojar-se dessas retroprojeções aleatórias: "... Esses pressupostos que estão implicados em sua pretensão à validade performativa", diz Apel, "devem ter, de certa maneira, resultado da evolução humana e especificamente da história da comunidade humana."[23] A própria revelação deixa transparecer seu constrangimento. A esse "deve", duvidoso, nebuloso, *reconstruído* e servindo tão fragilmente de base ao Dever da Regra, prefiro aquele que nasce exclusivamente do exercício e *poder* rigoroso das faculdades – as quais, assim, não há mais nenhuma dificuldade em reconhecer em desenvolvimento. A Humanidade está "em marcha", dizem, sua inteligência igualmente. O que é o mesmo que preferir considerar o comum, assim como precedentemente o universal, não sob o ângulo do dado (o das noções ou prescrições possuídas *a priori*), como eu disse, mas sob o do *em curso* ou do processo: a exemplo do *universalizante*, esse poder é infinitamente gerador do *inteligível*. Não, por conseguinte, sob o ângulo de um "constitutivo", como diria Kant, mas mais uma vez a título "regulador": empreendendo a investigação e levando sempre mais longe a efetividade da partilha. Não, portanto, sob o ângulo da precondição (pressuposto), mas a título de operação jamais consumada: o comum não é um estado, uma aquisição – está sempre por ser conquistado e desdobrado.

Ou deveríamos nos contentar com esse outro ponto de vista? Diante dessas concepções do comum que descobrimos sucessivamente sem saída – da síntese, do denominador ou até mesmo do fundamento –, frequentemente retorquimos com um dar de ombros, para não termos que nos aventurar nessas dificuldades andando na contracorrente de todo intelectualismo: você então não vê que esse comum da humanidade é simplesmente o do *vivido*? Constatamos isso na *experiência*. Ora, de fato, é verdade que, com os antigos chineses (ou os antigos gregos) que leio, e cujas ramificações diversas no pensamento empenho-me em seguir, não tenho por que presumir que alguma coisa como nossas experiências difere, a experiência não cessando por sua vez de extrapolar o que o pensamento teria dela extraído, incrustado e refletido. Tal atesta aquilo que, subsistindo mais rente a ela, revela a poesia (Heitor e Andrômaca nos muros de Troia ou as nostálgicas lamentações da China antiga): quem não sentiria – negaria – que esses temas são imediatamente partilháveis (os famosos "invariantes" do lirismo)? Daí porventura eu concluiria que a "experiência" seria sempre comum? Pois o que partilho eu, por outro lado, do sentimento de vergonha de que dão mostras igualmente os heróis de Homero ou de seu medo da loucura que emana dos deuses, a *atē*? Ora, ainda assim eu *posso* me comunicar com eles, passeando pelo museu das Artes Primitivas, comunicar-me com o totemismo de uns ou o animismo de outros – contanto que eu faça o esforço de entrar nessas lógicas singulares: de maneira que, se tanto de humano ainda me é estranho, para retomar às avessas a fórmula de Terêncio, ainda assim eu *posso* sempre compreendê-lo.

Se, portanto, sendo a experiência justamente demasiado "empírica" e variável, para fundar o comum eu escolho situar esse comum, entre culturas, no plano do *inteligível*, isso se deve aos dois: por um lado, porque o que se partilha, de uma cultura a outra, é menos da ordem de algum fundo comum, segundo essa imaginação tranquilizadora de um originário, do que essa própria comunicabilidade, *Mitteilbarkeit*; e porque, por outro lado, esse comum é aquele que não cessa de desenvolver a "inteligência", como faculdade de abertura, a qual entendo igualmente, a exemplo do *universalizante*, num sentido ativo, no particípio presente, esse *inteligente* ("inteligibilizante") consistindo em poder circular entre inteligibilidades diversas a fim de delas fazer surgir, em cada caso, uma *coerência*. Pois se "verdade" é muito marcado pela escolha da filosofia, ou se até mesmo "razão" continua ainda por demais sob o selo exclusivo da história do pensamento europeu, creio que *coerência* é, enfim, o termo correto e que lança ponte (cf. o *li* chinês): o que descubro no pensamento de alhures ou daqui é sempre "co-erente", uma vez que resistindo efetivamente em conjunto e justificando-se internamente. Assim, com efeito, a *inteligência* é esse recurso comum, sempre em desenvolvimento, bem como indefinidamente partilhável, de apreender coerências e comunicar-se através delas. Heráclito já dizia: "Comum a todos é o pensar", *phronein*. O que estabeleceu como princípio que não existe nada, de qualquer cultura que seja, que não seja em princípio inteligível – este é efetivamente, mais uma vez, o único transcendental que reconheço: não em função de categorias dadas, em nome de uma razão pré-formada, mas como exigência que forma horizonte e jamais se detém (e correspondendo, a esse título, ao universal). Isso, portanto, sem resíduo. De maneira absoluta. Ainda que os esforços dos antropólogos nunca sejam plenamente recompensados; ainda que eu mesmo nunca tenha certeza de ter conseguido ler o suficiente...

XII. "Culturas": defasagens de língua – recursos de pensamento

1. Estabelecer como princípio (não apenas teórico, mas também ético e político) a *inteligibilidade das culturas* levanta, no mínimo, duas questões. De ambos os lados da noção, e em relação à sua composição. Pois, em primeiro lugar, por que não nos atermos apenas ao inteligível? Por que, com efeito, o senhor não concebe antes a relação das culturas a partir dos valores?, me perguntam. O senhor ainda não começou a falar disso... A resposta é simples: a velha alternativa entre o material e o formal se revelaria tão decepcionante aqui quanto em qualquer outro lugar. Do lado formal, porque há sempre o risco de que a formalização sugerida permaneça na dependência de um particular do qual ela não suspeita: prova disso é o que acabamos de considerar precondições comunicacionais invocadas por Apel e Habermas. Do outro lado, considerar as culturas sob o ângulo "material", o do conteúdo e dos valores, resulta necessariamente numa relação de forças entre essas culturas. Pois, a partir do momento em que os sistemas de valores não coincidem, suas *opções* tendem a excluir-se – Nietzsche, sobre isso, não deixou pairar mistério –, de onde decorre uma guerra aberta ou larvada. Ou eu imponho meus valores aos outros, ou cedo a estes; ou eu afirmo minha potência exportando *minha* universalidade, ou dou mostras – por fraqueza – de minha "boa vontade".

Não poderíamos, apesar de tudo, negociar? Mas, justamente, penso que valores *são inegociáveis*. Não é amenizando seu gume, reduzindo seu alcance, isto é, degradando-se mutuamente, entre culturas, que a paz advém; ou então é uma paz deletéria ou simulada. A solução, em outras palavras, não está no *compromisso*, mas na *compreensão*. A tolerância, entre valores culturais, cuja urgência entre as nações não cessamos de exprimir, não deve resultar (não deve simplesmente porque não pode) de cada um, pessoa ou civilização, reduzir a pretensão de seus próprios valores ou moderar sua adesão a seu respeito, ou até mesmo "relativizar" suas posições (por que a Europa barganharia o que fosse acerca da Liberdade?): isto é, tomá-los como valores menores cujo absoluto e idealidade sacrificaríamos – todos esforçando-se e atenuando suas concepções, cedendo terreno e "colocando água em seu chope", como diz de forma tão rasteiramente familiar o "bom senso", que é o avesso do *senso comum*. Mas a coisa não o é, igualmente, rasteira, familiar, da ordem das pequenas astúcias, e isso de forma indelével?

Uma tolerância desse tipo não pode advir senão da inteligência partilhada: de que cada cultura, cada pessoa, torne inteligíveis em sua própria língua os valores da outra e, por conseguinte, reflita-se a partir deles – logo, também, *trabalhe com eles*. Ou, caso necessário, nesse domínio mais ainda que em outros, da "sabedoria", como se diz corriqueiramente, e portanto de determinada forma de "justo meio", acredito mais uma vez – isso me vem de uma versão mais estimulante do confucionismo[1] – que este não pode ser entendido de maneira preguiçosa, como meio-termo ou meio caminho, a meia distância: não pode consistir, para evitar o excesso, em que cada uma das partes transija, cada uma dando um passo atrás, num espírito de concessão, procurando a conciliação, mas apenas em que cada um abra-se igualmente, mediante a inteligência, à concepção do outro. É nesse "igual" da igual abertura que está a justeza do meio. Ou, dito ainda de outra forma, esse "meio" da tolerância é aquele não do desengajamento, mas do *desdobramento*, de um lado e de outro, por fim instaurados inteligentemente cara a cara, diversos possíveis engajados pelo pensamento. Pois, em hipótese alguma, vamos repetir para prevenir essa opção falaciosa, a sabedoria, inclusive a das "nações", pode residir na renúncia, ou mesmo apenas em acomodações: vejam em que concepção resignada, desapaixonada, consensual, e por conseguinte entediante, da cultura, estas não nos fazem soçobrar...

A outra interrogação faz questão do plural: esse "s" (culturas) é pertinente. Não tende ele a constituir, falaciosamente, como entidades separadas – como seres próprios ou mesmo essências – o que na realidade não se manifesta senão enquanto fluxo contínuo, enlaçando-se e misturando-se, hibridizando-se e metamorfoseando-se incessantemente, logo, sem especificação determinada? Mas justamente: misturando-se *a partir de quê*, se não é sempre de uma pluralidade? O que nos faz pensar que a cultura só pode existir no singular, e que o plural, longe de abrir apenas uma variação dela, lhe é efetivamente consubstancial. Pois, se é verdade que não cessamos de ver as culturas pegarem emprestado, assimilarem, diluírem-se em conjuntos mais vastos, atenuarem suas especificidades e, finalmente, uniformizarem-se, não cessamos igualmente de constatar o movimento inverso: de reespecificação e reindividuação contínuas. Ao mesmo tempo, elas não cessam de se globalizarem e também de se reconstituírem de maneira local, pois a cultura é sempre assunto de lar, de "meio", dizia Nietzsche, é propriamente *eco*-lógica. Até mesmo as transformações culturais em regime de globalização mostram isto: enquanto as diferenças e as "exceções" culturais, as que são reconhecidas e quase catalogadas, atenuam-se, ou tornam-se folclore, ou acabam no museu, ou viram clichês, tanto entre países quanto entre continentes, outras comunidades culturais, até mesmo contraculturais, diferentemente recortadas (de trabalho, de periferia, ligadas aos modos de sexualidade, na internet etc.), nem por isso deixam de se reconstituírem elas mesmas subterraneamente (*underground*).

Ora, trata-se aí, nesse duplo movimento contraditório e alternativo – como se tem o costume de falar de "cultura alternativa" –, da essência mesma do cultural: a cultura está sempre em vias de se homogeneizar e, ao mesmo tempo, se heterogeneizar; de se confundir e se demarcar; de se desidentificar e reidentificar; de se conformar e resistir; de se impor (de dominar) e entrar em dissidência. Os dois são inseparáveis: a extensão até a ab-rogação dos limites de um lado, o trabalho da negatividade do outro. Se o cultural não cessa assim, sob essa tensão, de se transformar, se aí reside sua essência (a língua chinesa diz isso admiravelmente, à sua maneira: *wen-hua*, "cultura-transformação"), é porque a cultura é essencialmente um fenômeno de alteração (e quando vejo meus ouvintes ou meus leitores transformarem o que digo, interpretando em função de usos e referências, também julgo isso legítimo). Não apenas o plural das culturas não deve então ser entendido num modo secundário, mas também o que faria das culturas inúmeras modulações ou mesmo especificações de um fenômeno unitário. Mais que isso: uma cultura que se tornasse *a* cultura, no singular, fosse ela de um país ou do mundo inteiro, seria antecipadamente uma cultura morta.

Desse plural das culturas decorrem pelo menos duas perguntas – já é hora, com efeito, de sair da "cultura" das frases ocas, jornalísticas ou ministeriais, que afogam sua noção nesse pântano, entre as grandes engrenagens dos Lazeres e da Comunicação, e a deixam tão entediante: como podemos suportá-las? De fato, a cultura devendo ser entendida, indissociavelmente, tanto no plural quanto no singular, a cultura não existindo nunca senão enquanto culturas diversas, assim como é sempre ao mesmo tempo pessoal e coletiva, qual é então a relação do sujeito cultural com sua cultura? O que significa e, aliás, como posso dizer: "minha" cultura? Para exprimir isso primeiro negativamente, por essas duas pontas, ambas igualmente ingênuas, estipularemos que o sujeito cultural não é nem passivo nem possessivo. Nem passivo: pertenço efetivamente a um conjunto ou coletividade culturais (de língua, de história, de tradição religiosa, de geração etc.), como digo também "minha" família, mas este é um pertencimento-dependência que não posso me contentar em sofrer como um "atavismo", *eine Art von*

Atavismus,[2] dizia Nietzsche: que posso (devo) trabalhar, isto é, que sou chamado a *transformar*, uma vez que igualmente nisso reside o próprio da cultura. Esta é inclusive, a meu ver, a primeira exigência ética, antes mesmo de qualquer escolha e determinação de minha moral: um sujeito só se constitui na medida em que soube (ousou) tomar recuo em seu espírito, reconsiderar os pressupostos sepultados, sedimentados, a partir dos quais ele pensa e, com isso, pode encontrar uma iniciativa em seu pensamento. Naturalmente, uma maneira de renovar o desenraizamento próprio da filosofia, mas remontando aquém da famosa "dúvida" que tradicionalmente confina com ela: uma vez que, levando doravante em conta a diversidade das línguas e das culturas, transfiro a suspeita dos objetos de meu pensamento (esses objetos cartesianos que constituem a cena clássica da filosofia: os da percepção, da matemática, Deus, a alma, a vontade etc.) para os *implícitos* que os provocaram.

Mas esse sujeito cultural tampouco é possessivo: quando digo "minha" cultura, posso entendê-la ainda menos no modo da propriedade na medida em que, o mais frequentemente, é contra outra cultura que tomamos consciência da cultura "de onde viemos", na qual fomos criados, isto é, através da qual um sujeito sempre despertou. E mais: é apenas saindo de nossa própria cultura que nos damos conta do quanto ignoramos a cultura que afirmamos tão peremptoriamente (possessivamente) a nossa. "O bem conhecido em geral", dizia Hegel, " é, justamente porque é *bem conhecido*, desconhecido", *weil es bekann ist, nicht erkannt*.[3] Pois o conhecido não é o familiar: a propósito, não convém começar por romper essa familiaridade que constitui hábito para nos vermos em condições de conquistá-la? Da minha parte, foi apenas indo "à China" que pude, voltando-me sobre "minha" cultura, caracterizar mais de perto o que constitui a "Europa". Vejo nisso um dos desafios de meu trabalho: fazer surgirem, a partir de pontos de vista chineses formados face a face, essas escolhas implícitas, amplamente sepultadas, que constituíram a Europa e são assimiladas por ela como evidência (assim acontece com a modelização, o teórico, o ideal, o Nu, o *agon*, o diálogo etc.). Pois, antes de ter começado a ler Platão ou Aristóteles *de fora*, a partir de pensadores chineses, eu os lia no que eles diziam, construíam, refutavam, argumentavam; mas não no que veiculavam como evidente, porque articulado na língua e no *ethos* gregos e que, por isso mesmo, não interrogavam: não cogitavam interrogar; não pensavam em pensar.

Mais que isso: uma cultura não possui como possuiríamos alguma coisa a mais (a mais do que a natureza ou o vital). Ela não é um invólucro suplementar, pelicular, acrescentado ao sujeito transcendental: pois o cultural não é nem isolável (como setor particular de atividade), nem estabilizável (uma vez que não cessando de se transformar), nem tampouco dissociável (dos sujeitos concernidos). Ou, se por um lado a cultura é considerada tradicionalmente aquisição, essa aquisição, por outro, convém reconhecer, inicia-se originariamente: não me exprimo, concebo, trabalho senão culturalmente ("natureza"/"cultura" forma em si um antagonismo esclerosado que pretendemos amplamente superar nos dias de hoje; cf. também os trabalhos de Philippe Descola ou de Jean-Marie Schaeffer). Se falei anteriormente de *sujeito cultural* é porque considero então o ser cultural do sujeito prévio às suas determinações clássicas construídas pela filosofia, mas que ela julga formar universalmente ponto de partida – como as de sujeito de "conhecimento" ou de sujeito de "ação", como sujeito epistemológico ou moral.

Vê-se ainda melhor, da China, que inúmeras questões como as que Kant julgava poder estabelecer como o universal do sujeito (segundo essas rubricas cuja dependência cultural ele nem cogitava suspeitar: "O que posso conhecer?" – "O que devo fazer?" – "O que tenho direito de esperar?") permanecem ainda aprisionadas, a despeito de sua abstração, em escolhas civilizacionais implícitas (como o isolamento de um plano do puro "conhecer" ou da moral como imperativo ou a Promessa – divina – e a espera etc.).

Reconheçamos isso, por mais decepcionante à primeira vista que seja a confissão: nós nunca *nos colocamos questões primordiais*, como talvez julguemos ainda ingenuamente, mas sempre *dobradas* no cultural. Ora, "dobrar", como dizemos corriqueiramente, já é guardar: essas questões fecham (outras possíveis) ao mesmo tempo que abrem. Até mesmo as questões que julgaríamos mais genéricas: "O que é o homem?" ou "Deus existe?", questões gregas por excelência que nunca vi colocadas na China e que exigem infinitas condições singulares para serem construídas e isoladas. O que leva a pensar que, a exemplo e no prolongamento da língua, como ela, ao mesmo tempo, legado recebido, meio e potencial a explorar, a (uma) cultura é efetivamente *através do que* um sujeito existe; ela é a dimensão de desdobramento e de efetivação do sujeito (ou, dito às avessas, e por via de consequência, o sujeito que não se desenvolve culturalmente é, constatamos diariamente, um sujeito atrofiado).

Ora, a outra questão colocada por esse plural das culturas põe em perigo até o seu estudo. Pois estas, não oferecendo por sua vez contorno, uma vez que se transformando incessantemente, a possibilidade de caracterizá-las torna-se no mínimo hipotética. Toda cultura, e em primeiro lugar a europeia, não cessando de se alterar e metamorfosear, de se des-especificar para se re-especificar de outra forma, que traços devemos então reter que não sejam caricatura ou clichê dela? O que há de mais estereotipado, com efeito, fastidiosamente repetido, do que o que dizemos do "dualismo" europeu ou o do que é classificado com o rótulo de "cartesiano" ou sob esse binômio falacioso do "judeu-cristão" etc.? Como, aliás, não observar que os traços ditos dominantes de uma cultura, os que julgamos os mais manifestos, são muitas vezes, ao mesmo tempo, os menos interessantes? Seriam por isso também pertinentes? Traços mais discretos são mais significativos, pois o mais embasado não é o mais trabalhado; e esses aspectos ditos mais marcantes correm sempre o risco do contraexemplo e, por essas exceções, são contestados.

Eis por que escolhi distinguir desses traços o que chamo, inspirando-me em fórmulas taoistas ("Em toda discussão, há o indiscutido", diz Chuang-tzu),[4] o *fundo de aliança* pelo qual uma cultura, embora não cesse de se diversificar, nem por isso deixa de se comunicar consigo mesma e de "se entender", de preservar uma inteligência interna através de suas alterações e de suas dissensões. Assim como há um "indiscutido", isto é, não emergindo na discussão – única coisa a partir da qual podemos discutir e mesmo à qual nos opor (esse "nós" já formando comunidade), pois sem ele não poderíamos começar por nos encontrar –, há um *fundo de aliança cultural*, em maior escala, mas igualmente implícito, a partir do qual, exclusivamente, a cultura e o pensamento podem se contestar, se opor a eles mesmos, transformar-se. Esse fundo de aliança, como condição de possibilidade dessas defasagens e mutações, é mais pregnante que os traços mais embasados, mas não menos coerente; ou antes, tece entre os sujeitos da comunidade cultural o que chamo de *conivência*: é nela, veiculada internamente como uma evidência, que entra pouco a pouco, pacientemente, de seu exterior, o sinólogo ocidental, adquirindo o que eu chamava anteriormente de "ofício". Como é igualmente desse fundo de aliança, e não dos traços esquemáticos, abstraídos de seu contexto e desistoricizados, que, viajando entre a China e a Europa, tentei fazer aparecer no meu trabalho, por reflexão de uma sobre a outra, os dois lados.

2. A "defasagem", tal como acabo de evocar, não é a diferença – que diferença há entre elas? Não é apenas que a diferença é entendida do ponto de vista da *distinção*, e a defasagem do ponto de vista da *distância*: a primeira sob um ângulo aspectual, a segunda sob o da separação. Ou melhor, o que merece ser guardado acima de tudo, a partir disso, é que a defasagem não visa apenas a fins de análise, mas, pela distância aberta, *põe em tensão* o que ela separou. Enquanto a diferença opõe-se ao mesmo, ao idêntico, e serve de categoria descritiva (como já a diferenciação platônica das essências, a *diairesis ton eidon*), a defasagem opõe-se, por sua vez, ao esperado, ao ordinário, ao previsível, ou pelo menos descobre um outro possível: seu ponto de vista atenta, ainda que de maneira implícita, contra o normativo; a divergência que ela opera não se reduz a uma diversificação. Ou, dito ainda de outra maneira, diferentemente da diferença entendida nessa perspectiva de descrição, a defasagem é entendida sob o ângulo da prospecção. Ela dá a considerar um alhures e explora até onde outros caminhos podem ser trilhados; extraímos daí um benefício heurístico, e é nisso que seu conceito me é útil para pensar a relação entre as culturas. Falar da diferença das línguas, especialmente, nos limitaria a desenvolver esse plural inventariando a multiplicidade das estruturas e das formas; enquanto tratar da defasagem das línguas leva a sondar *até onde podem ir* essas singularidades e quais ramificações elas abrem no pensamento. Da mesma forma, se digo não que o pensamento de Aristóteles sobre tal ponto é diferente do de Platão, mas que diverge dele ou se afasta, é porque quero revelar o que têm de aventurosos, desdobrando o pensável, a bifurcação e o desprendimento operados; e, com isso, o trabalho inventivo do pensamento.

A outra escolha, da minha parte, é precisamente começar por considerar essa defasagem das culturas a partir da língua. Quando digo o "pensamento chinês", não suponho neste alguma essência particular segundo a qual distingui-lo, mas designo simplesmente o pensamento que se exprimiu em chinês (e da mesma forma que o "pensamento grego" é o que se exprimiu em grego). Ora, a *defasagem* que constatamos entre essas línguas abre efetivamente outras possibilidades para o pensamento. Volto a essa experiência elementar que citei muitas vezes:[5] para dizer "coisa", essa primeira palavra aprendida na primeira lição, o chinês diz "leste-oeste" (*dong-xi*; para dizer "o que é essa coisa?", diz: "O que é esse leste-oeste?"). Quando eu ainda me interrogava, jovem helenista, sobre a utilidade, para um aprendiz de filósofo, de empreender o estudo de uma nova língua, e reputada tão difícil, encontrei nisso como que uma primeira confirmação. Chegaria eu a dizer, à beira do oximoro: como que uma "revelação" teórica? Ainda mais marcante, por sinal, na medida em que, como é o caso corriqueiro em tudo que nos acontece a título de "revelação", os outros, ao nosso redor, parecem continuar seu caminho, impassíveis: sem maiores preocupações – sem sequer notarem o que tanto nos impressionou...

Para dizer "coisa", essa palavra para nós igualmente a mais primária, a mais unitária, elementar, ao mesmo tempo tão compacta e a menos fissurável, herdando de *causa* o interesse pelo assunto em jogo, ao mesmo tempo que veiculando, de *res*, o sentido da matéria, substância e propriedade, os chineses dizem dessa forma uma relação dos opostos: para apreender tanto o que não cessa de surgir diante de si como aquilo com que se ocupam, eles exprimem a interação entre dois polos de onde não cessa de advir, e por onde se tensiona, a realidade (mas eis que continuo acuado no *res* para exprimi-la). Mais que uma simples diferença, há efetivamente aí *defasagem* que abre outro caminho, divergindo de nossas expectativas nocionais mais incrustadas e cuja incidência não cessaremos em seguida de medir; e, em primeiro lugar, a concepção do "real", não sob o ângulo do Ser ou da "coisidade", mas como troca e comunicação contínuas entre emissários, *ying* e *yang*, de onde decorre esse incessante processo etc.

> Tal defasagem e *desdobramento*, como oferecido pela diversidade das línguas, não faz, a bem da verdade, senão iniciar. Pois como dizemos "paisagem" em chinês?[6] Não, como dizem, em uníssono e sem mais se interrogar sobre sua escolha, as grandes línguas europeias a partir de uma experiência perceptiva e definitória (cf. *Landscape*, *Land-schaft* ou *paesetto*, *paesaggio* etc.): como essa parte de país que a natureza apresenta ao olho que a vê e que se estende até onde a vista pode alcançar; isto é, como o aspecto desse "país" – *pagus* – tal como se deixa abraçar por quem o contempla

e que, na extensão, a visão recorta. Para dizer "paisagem", o chinês (ainda o chinês moderno) diz "montanha(s)-água(s)" (*shan-shui*) "ou montanha(s)-rio(s)" (*shan-chuan*). Mais uma vez, o ponto de vista exprimido na língua é aquele não mais de uma identificação e delimitação aspectual, mas da interação entre polos: os do Alto e do Baixo, do vertical e do horizontal, do compacto (maciço: a montanha) e do fluido (intangível: a água), ou ainda do opaco e do transparente, do imóvel (a montanha, dizem proverbialmente, "não se mexe") e do movente etc. "Montanha(s)-água(s)" simboliza outras tantas oposições complementares, tensionando o mundo, e as trocas infinitas delas resultantes. Assim, bem longe de se deixar conceber como uma porção ou fração de país submetida à autoridade do olhar e delimitada por um horizonte, a "paisagem" chinesa opera a globalidade funcional de elementos, ou antes de fatores (vetores), em interação. Basta considerar as pinturas clássicas, da Europa e da China, para avaliar: o pintor chinês não pinta um canto do mundo a partir da posição de um sujeito perceptivo e tal como o construiria em perspectiva; mas é a totalidade do dinamismo e sopro cósmicos, tais como se desdobram no grande processo do mundo, através do jogo infinitamente diverso de suas polaridades, que é encarregado de veicular o elã vital do pincel.

De onde voltamos inevitavelmente à questão – que se torna central: não haveria, entretanto, transcendendo as defasagens entre as línguas e as divergências matriciais que, por conseguinte, decorrem disso, categorias de pensamento que encontraríamos em toda parte e necessariamente idênticas? Pois a filosofia, é verdade, empenhou-se cedo, por seu turno, em elaborar a tabela dessas categorias, reconduzindo-nos ao mesmo tempo rumo à concepção de universais que seriam dados de pronto ao espírito: ei-los então precedendo Babel... Mas já se observou suficientemente, desde Benveniste e já um século antes, desde F.A. Trendelenburg, na Alemanha, que as categorias de Aristóteles – o primeiro, na esteira da concepção dos gêneros do *Sofista*, a empreender tal sistematização e classificação – não eram na realidade senão aquelas que lhe sugeria, ou lhe "soprava" a língua grega: "essência", "quantidade", "qualidade", "relação" etc. Através dessas categorias, percebidas sob o ângulo do "que se diz", isto é, da predicação e de suas figuras (*ta skhemata tes kategorias*), o Estagirita não faz senão refletir e explorar as principais opções, ou pressupostos, na capacidade de dizer o mundo, que sua língua articulava.

Mas o que dizer então de Kant, ele que, na *Razão pura*, apresenta uma tabela das categorias acerca das quais precisamente afirmou que são não da língua, mas do entendimento? Enquanto conceitos contidos *a priori* pelo espírito, "conceitos puros", nos diz Kant, elas recortam as funções lógicas e são deduzidas de um ponto de vista transcendental.[7] Ora, uma categoria como a de "substância" ("inerência"), por exemplo, que Kant introduz sob a relação, é marcada efetivamente por esse dever-ser lógico conferindo-lhe tal universalidade de princípio? Se a considero pondo em jogo a defasagem da língua e do pensamento chineses, verei antes nela a remanescência do ponto de vista ontológico grego e de sua representação, aristotélica notadamente, daquilo "que subjaz" (todas as mudanças adventícias: enquanto *hypokeimenon*): "su-jeito", "sub-strato", "sub-stância", em suma, esse suporte "essencial" de todas as determinações, que, por sua vez, não se associa a nada mais, mas a que todo o resto é referenciado, e isso a título de "acidente"; em que estão contidas, portanto "inerentes", diversas propriedades e qualidades. Por mais longe que tenha levado o esforço de abstração, Kant permaneceu, dessa forma, na dobra que liga o lógico ao ontológico e fundando-se na relação atributiva da predicação: o ponto de vista precisamente da *coisa* ("substância") a que acontece *além disso* ser esta ou aquela. Ora, mais uma vez, o chinês – que deixou muito mais frouxo o laço predicativo, não isolou um conceito de "matéria" (o sopro cósmico, *qi*, não é nem matéria nem espírito, ou é ao mesmo tempo ambos), não desenvolveu uma noção de essência nem pensou sob o ângulo do "o que é isso?", mas sob o da interação e do fluxo processivo – faz ressaltar do exterior o que tal escolha, que se espalhou hoje uniformemente pelo mundo, graças ao sucesso comprovado da ciência construída sobre ele, tem, não obstante, de singular.

Que audácia não é preciso, confesso, para ousar recolocar em questão a lista das categorias kantianas instaurada em tabela lógica?... Ora, ao passá-las em revista, continuarei, sobre a China, a me interrogar. A China, por exemplo, pensou a partir da "causalidade"? Conheceu decerto sua noção (*gu*), sobretudo nos mohistas, mas foi antes sob o ângulo da *implicação* e do desdobramento internos, seguindo uma relação de condição a consequência, que ela articulou seu pensamento (como prova disso, o não desenvolvimento na China da física causalista, newtoniana, na qual Kant se baseia). Da mesma forma, foi sob o ângulo de uma "ação recíproca entre o agente e o paciente" que ela concebeu a "comunidade"? O chinês, não tendo estabelecido morfologicamente como voz da conjugação a oposição do passivo e do ativo, e tampouco tendo desenvolvido semanticamente a do "ser afetado" e do "agir" (*paskhein/poiein*: já as últimas categorias de Aristóteles), o pensamento chinês antes pensou a comunidade a partir da propagação difusa de uma incitação (noção de *gantong*); é assim particularmente apto a apreender o que (mas esse "o que" já é demasiado substancialista), não sendo nem sujeito nem objeto, nem ativo nem passivo, influencia, atravessa, não cessa de passar a animar. Ou ainda: nele, a oposição "existência/não existência" seria totalmente pertinente, ao passo que sabemos que o "não-há" dos taoistas, que é a "mãe", significa o "não-há" (atualizado, *wu*): não o não-ser, mas o Indiferenciado? (E que verbo em chinês clássico para dizer "existir"? *Cun* significa "subsistir".) Ou o que nele apresenta de inelutavelmente coercitivo a oposição "necessidade-contingência", ao passo que a língua-pensamento chinesa excele em dizer o *encontro oportuno*? Sob muitos aspectos, a partir do momento em que se examina mais de perto, vê-se que essa língua-pensamento chinesa *enviesa* em relação a tais categorias – volto a esse termo. "Enviesa", isto é, toma a tangente em relação à sua exigência e não se embaraça. Ela não as considerará falsas, propriamente falando, mas tornar-se-ia estéril sob sua aplicação.

3. O ponto de vista, ou palavra de ordem, a sustentar, parece-me então que deve ser este na relação que mantemos com o plural das culturas: combater, acabo de dizê-lo, sua *esterilização*; ou, visto positivamente: estimular sua fecundidade. Para o que serve precisamente o pensamento da defasagem separado do *topos* da diferença pelo qual eu começara por lograr o reino do uniforme. Um passo a mais deve ser dado. Sendo a defasagem o ângulo sob o qual se desdobram e exploram outros possíveis, ocorre-nos brusca e salutarmente a sempiterna questão do mesmo e do idêntico. Não defenderei a *identidade cultural* (inclusive na França), à qual nos leva tradicionalmente o ponto de vista da diferença, uma vez que está na própria essência da cultura metamorfosear-se e alterar-se. Essa reivindicação de identidade é um enrijecimento impossível que só consegue manter-se de pé a partir de argumentos e posições externas (e em primeiro lugar políticas: o nacionalismo etc.). Em contrapartida, conclamarei a lutar contra a *perda*, por esterilização globalizada, de formas culturais e coerências de pensamento que poderiam contribuir para o desenvolvimento, não como museu, mas como porvir, do cultural e do pensável (o tema da "exceção" cultural – "francesa" – o diz canhestramente à sua maneira). Ora, o conceito de defasagem é um conceito rigoroso e combativo neste aspecto: ao nos levar a sondar *até onde* podem ir as divergências, a avaliar a distância que se abre entre elas, ele *desdobra* o cultural e

o pensável no seu limite. Mas também, em sentido inverso, dessa dispersão oferecida nos faz voltar às suas escolhas implícitas, no início de separação e até na lógica do que seremos efetivamente levados a representar a partir disso, de ambos os lados, num pé de igualdade e como outras tantas alternativas para o pensamento.

O ponto de vista da *defasagem* desperta, assim, o cultural e o pensável de sua sonolenta normatividade. Considerando-as não mais horizontalmente, sob o ângulo da diferença, mas *em tensão* e sob o ângulo da dissidência, ele as dá a considerar, nesse "até onde" (até onde pode ir – levar – de ambos os lados o caminho desbravado), sob o ângulo de sua potencialidade. Do ponto de vista da identificação (o da diferença), ele substitui assim o da exploração-produção, a defasagem inaugurando possíveis: essas defasagens, e em primeiro lugar as que constatamos na língua, devem ser consideradas como outros tantos *recursos* para o pensamento. Nós mesmos, numa época de encobrimento padronizado, não temos que nos tornar "feiticeiros" da cultura: fazendo reaparecer suas jazidas sepultadas, seguindo os filões (sulcos) fecundos e abandonados? Enquanto nos preocupamos, enfim, mas um pouco tarde, na escala do planeta, com os recursos naturais, cujo esgotamento possível tememos, por que não nos preocuparíamos *também* com esses recursos naturais que vemos higienizados sob o normativo globalizado e progressivamente soterrar-se, ou pior, travestir-se? Não se alterar, como é da essência da cultura, mas antes mascarar-se e *representar* (o cultural "autêntico"): o que há de pior hoje em dia (de mais falso) do que os espetáculos ditos tradicionais e os folguedos locais revelando o pseudossingular (esses "folguedos" sendo o justo oposto da festa etc.)?

Ora, avaliemos as consequências disso, em contrapartida, do ponto de vista mesmo da filosofia: eis, finalmente, que a tomada em consideração das defasagens entre línguas, e logo também entre os pensamentos que se desdobraram a partir delas (como eu disse anteriormente, nunca colocamos as questões primeiras, mas sempre *dobradas* na língua), nos faz sair – nos obriga a sair – da referência à verdade, ela que até aqui tanto obsedou o pensamento, pelo menos na Europa. Tomando suas distâncias com relação ao normativo, isto é, substituindo-o por um ponto de vista exploratório e que sonde o recurso, estimulando a considerar o cultural e o pensável em termos de caminhos desbravados, e logo também de escolhas igualmente possíveis, a defasagem libera do exclusivo do verdadeiro que rejeita o falso. Uma cultura e, portanto, também o pensamento que nela se desenvolveu, não é mais verdadeira que outra: a cultura-pensamento chinesa não é mais verdadeira – menos verdadeira – do que a europeia. Mas uma cultura (um pensamento) segundo o possível por ela explorado, e mais ou menos fecunda; dependendo dos filões percorridos, vai mais ou menos longe em uma ou outra direção. Uma cultura, um pensamento, não é avaliado, então, em termos de verdade, mas de desenvolvimento e produtividade: o totemismo ou o animismo que os antropólogos nos descrevem não são mais falsos que outras "concepções do mundo", mas sua influência sobre o mundo "objetivo", segundo a categoria europeia, tem menor efeito; ao contrário, por ter separado a "natureza" de um eu-sujeito e tê-la constituído como objeto cognoscível, o "naturalismo" europeu[8] verificou-se de uma operatividade inaudita: acarretando subitamente uma violenta defasagem com as outras culturas e precipitando a humanidade num novo curso.

Ouço prontamente a objeção e esclareço: isso, porém, não significa relativizar a verdade (retornar ao discurso cético), mas convidá-lo a regressar de seu imperialismo global e a *localizá-la* – recolocá-la em seu devido lugar: sua pertinência, particular (mas, como tal, absoluta), é a da invenção da ciência e do discurso do conhecimento (com o qual, é verdade, se confundiram, em larga medida, a filosofia e, depois dela, a teologia, perdendo assim, dogmaticamente, o sentido do religioso). Ou, para dizê-lo de outra forma: isso é designar como negativo não o falso, acerca do qual, aliás, sabemos quanto trabalha dialeticamente com o verdadeiro, mas o *impensado*. Uma língua, uma cultura, um pensamento, em sua defasagem, fornece outras apreensões – outra percepção – sobre o *impensado*; e sua fecundidade é medida pela potência dessa apreensão e dessa percepção.

É o que podemos constatar entre a China e a Grécia, de que tentei reconstruir e explorar, no meu trabalho, *defasagens de pensamento*: colocá-las *em tensão* uma com a outra considerando a respectiva produtividade no desdobramento do pensável, mas não propriamente comparando-as (isto é, sob o ângulo insuficientemente fecundo da diferença). Tirando proveito dos recursos do verbo Ser (fundando num único sentido os empregos de predicação e identidade), conferindo pleno rendimento à figura da separação (*chorismos*: entre o sensível/o inteligível, o concreto/o abstrato, o devir/o eterno etc.), levando tão longe quanto possível a exploração pela causalidade (tudo se explica pela causa e o próprio Deus não é senão "causa"), mas em primeiro lugar tirando partido de suas regras e funções sintáticas, a língua-cultura-pensamento grega é essencialmente *construtiva* (de essências, de transcendência, de finalidade, de paradigmas etc.). Não há determinismo da língua, mas sim *desdobramento* de suas "predisposições" (Benveniste).[9] Globalmente, o ponto de vista ontológico fornece uma "visada", volto a esse termo, cuja capacidade explicativa desembocou na ciência clássica. Mas que outras visadas revela, ou que outros efeitos autoriza, um pensamento que se teria desenvolvido não segundo esse pressuposto, mas *lateralmente*?

Ora, ei-las: porque sua língua não se declina nem se conjuga, porque não é obrigada a fatiar entre gêneros, entre tempos, entre modos e sequer entre plural e singular, porque não formalizou a relação predicativa (nem explicita necessariamente um sujeito do verbo, nem tampouco atribui categoricamente as modalidades evocadas a um sujeito, ou os "assim" a um *isto*; cf. Chuang-tzu) e porque é praticamente sem sintaxe (pelo menos em chinês clássico: nele palavras "vazias" ligam palavras "cheias", introduzindo jogo e respiração entre elas), a China é mais apta a dizer (pensar) não a essência e a determinação, mas o fluxo, o "entre", o impessoal, o contínuo, a transição – interação e transformação (pelo menos segundo os termos que são os nossos). Eu não disse que ela ignora a transcendência, mas que, nesse caminho, ela é pobre em relação à sublimidade das construções europeias; no que se refere ao que designamos como "imanência", em contrapartida, e sobre o que o pensamento europeu não pode construir (a imanência justamente não se construindo), ela se sente espantosamente à vontade para evocá-la: cada "assim" não sendo mais relacionado a qualquer substância-substrato-sujeito, mas estendendo-se *suficientemente* e apenas em seu curso *processivo* – eis a plenitude do "caminho", *tao*.[10]

> Exemplo: voltemos ao pensamento do que chamamos "tempo". Nós consideramos ("nós": na Europa) o presente como uma tenaz separando-o morfologicamente tanto do passado quanto do futuro, e isso até tornar inconcebível sua extensão (esse "presente" dividindo-se ao infinito entre as partes do futuro e do passado) e, logo, a duvidar de sua existência – o que acarreta consequências para o pensamento do "viver".[11] Habilmente, por sinal, Montaigne não diz viver no presente, mas "a propósito"... Aprisionados na armadilha da conjugação e no impasse de suas distinções, não pudemos, portanto, desenvolver o pensamento do "tempo" a não ser por referência ao espaço, o que a filosofia, desde então, não deixou de criticar, e mais precisamente a questões de lugar: "a partir de" – "para onde" – ou "por onde". "Do que ainda não é, através do que é sem extensão, ele [o tempo] corre para o que não é mais", diz Agostinho (*Confissões*, XI, 21). Para pensar o tempo, Agostinho não tem outro recurso senão desdobrar as questões de lugar em latim: *unde*, *qua*, *quo*; resta a quarta casa disponível, o lugar onde estamos, *ubi*, que lhe serve comodamente – ou do qual ele tira partido – para situar a

Eternidade. Ora, não apenas a língua chinesa não se conjuga e, portanto, não separa tempos de forma definitiva (marca eventualmente o futuro próximo e o passado), não distinguindo entre essas questões de lugar, como pensa igualmente o curso do que denominamos "tempo" sob o ângulo não do Ser (nesse caso, nenhum tempo "é": nem o passado que não "é" mais, nem o futuro que ainda não "é", nem o presente que não "é" senão o ponto de passagem de um para o outro, daí a aporia) –, porém, mais uma vez, sob o da polaridade. A fórmula é (tento traduzir o mais aproximadamente): "ir-se: passado – presente: vir-se" (*wang gu jin lai*). O que procuramos identificar como "tempo", na Europa, estende-se assim, segundo a articulação própria da língua chinesa, entre os polos do passado e do presente, do "ir" e do "vir", e por intercâmbio entre eles: aquilo que (mas esse "aquilo que" substancialista, repitamos, é exagerado) não cessa de se ir/não cessa de se vir. Não num modo "distensional" – o da *distentio* de Agostinho dividindo o espírito entre tempos separados –, mas sim como uma transição contínua.

XIII. Construir o diálogo das culturas contra a uniformização reinante: o autorreflexo do humano

1. Se o plural é consubstancial às culturas, o que, portanto, desfaz o sonho da humanidade em marcha para uma cultura única – a consciência se perderia nisso –, que relação deve ser promovida entre elas para administrar sua defasagem? Ou melhor: para dela tirar partido? Uma palavra se impõe, em geral, e aliás parece impossível ser evitada, instalada em sua evidência: "diálogo". Mas *diálogo* parece uma noção desesperadamente fraca em seu uso reiterado em relação às culturas e suas linhas de enfrentamento: tranquilizadora sob seu irenismo da boa vontade, loquaz por sua retórica inesgotável, na ausência de um conceito exigente para orientá-la. Noção suspeita também pelo que deixa de lado: não dissimula ela, sob a ostentação dos bons sentimentos, uma dispersão, por demais apressadamente consentida, do pensamento do Todo – a renúncia a produzir uma nova figura global da verdade, uma covardia inconfessada do absoluto, em suma, sob esse pluralismo aparente e recomendável, um desengajamento teórico que não ousa dizer seu nome? Ou, do ponto de vista da *Realpolitik*, uma incapacidade nova, por parte dos ocidentais do imperialismo vacilante, de continuar sustentando um discurso hegemônico ou de controle, ou até apenas um discurso uno? Ou, caso contrário, talvez de maneira mais astuciosa, uma maneira disfarçada de impingir seu universalismo, acerca do qual vemos que encontra cada vez mais resistência mundo afora, levando-se em conta o fortalecimento das outras potências, e de continuar *mezza voce* a fazê-lo continuar a ser escutado: a fazê-lo ser tolerado? De que "diálogo" ele é a máscara? Para reagir a esse

"pensamento convencional", arriscou-se o termo inverso: "choque" – *clash* – entre as culturas (Huntington).[1] Em vez de confiar exclusivamente no intercâmbio da fala para pacificar as relações humanas, designa-se então esse plural das culturas como a nova fonte – e principal – dos conflitos do mundo vindouro.

A tese de Huntington resume-se a dois pontos. Em primeiro lugar, a importância crescente e até mesmo determinante dos fatores culturais no mundo pós-Guerra Fria: as questões ideológicas, políticas e inclusive econômicas de antes lhes cederam o lugar, e o paradigma vindouro é civilizacional. Em seguida, é no plano cultural, inclusive entre Estados-nações, que se dão agora os principais enfrentamentos; e, principalmente, com as civilizações não ocidentais reafirmando o valor de sua própria cultura, "as pretensões do Ocidente à universalidade levam-no a entrar cada vez mais em conflito com outras civilizações, em particular com o Islã e a China".[2] Contra a tese surgida depois da queda do Muro de Berlim, aquela, fukuyamista, de um fim da História programada, harmoniosa (mas entediante), "porque atingimos o termo da evolução ideológica da humanidade e da universalização da democracia liberal ocidental"[3], é fácil mostrar que, desde então, a democracia liberal nem por isso venceu e que a guerra das ideias não terminou. São as civilizações que atingiram sua plena maturidade, portanto já em declínio, como a ocidental, que julgam ver enfim o advento da eternidade: a cena do conflito simplesmente mudou a fisionomia e os "choques perigosos" nasceram no futuro da interação da "arrogância ocidental", da "intolerância islâmica" e da "autoafirmação chinesa".

Visão alarmista (realista) lançada como desafio à famosa cooperação cultural globalizada. Peca contudo, a meu ver, de dois lados. 1) O apego de Huntington pela noção de "identidade cultural" fundada na diferença, logo, a ser defendida pela comunidade concernida e, por conseguinte, fonte inelutável de antagonismo: ele não faz ideia da fecundidade de defasagens culturais concebidas como recursos por explorar, e acerca dos quais vemos, entretanto, que não cessaram de trabalhar e transformar a História. 2) Uma concepção simplista do determinismo cultural que leva, de maneira redutora, a caracterizar as culturas segundo seus traços mais óbvios – os mais marcantes e maciços (ver as características *standard* do "mundo ocidental" segundo a Otan que ele escolhe como paradigma):[4] por que considerar, por exemplo, que a característica principal da Europa (a ponto de, se renunciar a ela, precipitar-se em sua perda) é o cristianismo? Por que não igualmente o racionalismo e o ateísmo? Ou melhor, o próprio "racionalismo" não trabalha dos dois lados? Por que a Europa, não tendo cessado de se fecundar a partir dos dois (entre Platão e Epicuro), não reconheceríamos ao mesmo tempo os dois (a Europa é cristã *e* ateia) e essa tensão entre eles? Pois um não se desenvolve sem o outro, eles afiaram seu gume e se promoveram reciprocamente (como entre o materialismo e o idealismo etc.): é antes essa *tensão* que constitui a Europa (e essa crítica vale igualmente para o preâmbulo ausente – porque uns e outros o retiraram – da Constituição europeia).

Ora, Huntington não remonta de um ou outro daqueles traços que julgamos os mais salientes, mas sempre mais ou menos arbitrariamente escolhidos, ao que concebi anteriormente como seu *fundo de aliança*, aquém deles. Entretanto, é apenas no estágio desses implícitos e pré-expectativas teóricos que surgem conivências, mesmo entre aspectos culturais que podem parecer muito distantes uns dos outros, até mesmo contraditórios, deixando entrever assim sua forma de coerência e sustentação – esse fundo de aliança deixando-se melhor vislumbrar, por sua vez, de fora dessa cultura, como afirmei, num modo oblíquo (como da China reconsiderando a Europa clássica: qual *conivência* liga entre eles o Logos – o Ser – Deus – a Liberdade – a Finalidade etc.). Com instrumentos de análise tão rudimentares, Huntington não pode chegar senão a conclusões puramente defensivas e, por conseguinte, reacionárias (sobretudo contra o multiculturalismo nos Estados Unidos, que é seu alvo): não haverá salvação para o Ocidente senão na reafirmação sem complexo de seus "valores tradicionais" e de sua "identidade", julgados não mais "universais" – esse falso ideal deveria ser abandonado como perigoso –, mas *únicos* ("... preservar, proteger e revigorar as qualidades únicas da civilização ocidental").[5]

Entre, de um lado, o consenso frouxo do diálogo suspeitado sempre de ser um álibi ou de recobrir mais insidiosamente as relações de forças sob sua aparente abertura e, de outro, o *clash* anunciado – constatado –, bem como o apelo ao retraimento identitário do "Ocidente", que outro caminho não desemboca em lugar nenhum: que não seja utópico, nem defensivo, nem comprometido? Ou "*dia-logo*" não deveria antes ser retomado e repensado, mas dessa vez com a determinação de conferir sua plena exigência a um e outro de seus componentes – o que permitirá ao mesmo tempo reatar com minhas duas proposições precedentes e conjugá-las? Ao fazer ouvir, de um lado, no *dia* do *dia-logo*, a distância da *defasagem*, entre culturas necessariamente plurais, mantendo em tensão o que é separado: um diálogo, os gregos nos ensinaram, é inclusive tanto mais rigoroso e fecundo quanto mais puser em liça teses antagônicas;[6] e, no *logos*, de outro lado, o fato de que todas as culturas mantêm entre si uma comunicabilidade de princípio e que tudo, do cultural, é *inteligível*, sem perda e sem resíduo. Pois que o diálogo nunca seja tão igualitário e neutro quanto se pretendeu ingenuamente, que permaneça enviesado pelas relações de forças e as estratégias oblíquas (já atesta Sócrates em Platão, seu mestre de obras no Ocidente), não impede que ele seja *de si mesmo* (ou a despeito de nós) operatório. Mas operatório em quê? Não que quiséssemos a qualquer preço concordar com o outro, ou que já encontrássemos prescritas nele regras formais, mas simplesmente porque, para dialogar, cada um deve, imperativamente, descerrar sua posição, colocá-la em tensão e instaurá-la em relação. Logo, não que cada um fosse impelido por uma finalidade de aliança, ou que a lógica do diálogo revelasse um universal preestabelecido, mas porque todo diálogo é uma estrutura eficiente – operante – que obriga *de facto* a reelaborar suas próprias concepções para entrar em comunicação e, logo, também a se refletir.

Mas em que língua se dialogará, se for *entre culturas*? Se este triângulo for mantido: se a cultura for abordada inicialmente a partir da língua (no lugar do religioso, do ideológico etc.) e se a língua já for pensamento? Responderei, sem recear o paradoxo: cada um em sua língua, mas *traduzindo* o outro. Pois a tradução é a implementação exemplar da operatividade própria do diálogo: ela obriga, com efeito, a *reelaborar* o seio mesmo de sua própria língua, logo, a reconsiderar seus implícitos, para tornar esta disponível à eventualidade de um outro sentido, ou pelo menos captado em outras ramificações. Bem longe de ser uma desvantagem, como obstáculo e fonte de opacidade: o castigo de Babel é a necessidade de traduzir que põe em ação as culturas entre si. A tradução, a meu ver, é a única ética possível do mundo "global" por vir. Pois se a comunicação é feita na língua de um dos parceiros, ou sem que a outra língua seja ao mesmo tempo ouvida, o encontro desse fato é enviesado, operando-se no terreno – e portanto no jogo dos implícitos culturais – de um dos dois: os dados são viciados. Se ela se faz numa terceira língua, por exemplo a norte-americana padronizada, são então os implícitos desta que pré-orientarão o intercâmbio, e isto até em sua organização temática (inserindo tópicos, resultados etc.): a pretexto de contribuir com sua mediação, ela se interpõe. Eis por que não acredito em nada nas virtudes do grande polilogo e fórum cultural, organizado ritualmente aqui ou ali e repetindo-se anualmente, nesse inglês bastardo, por sinal amplamente desanglicizado, que serve agora de *koiné* da Comunicação. Pois, previamente, os jogos estão feitos; neles não se desenvolverão as especificidades das culturas senão segundo as pré-expectativas ocidentais, por sua vez superficializadas e que permanecem maciçamente irrefletidas.

> Eis por que repilo, assim como a acusação de essencializar a cultura (produzir conceitos não é por isso desdenhar do contexto e da complexidade – já se sabe isso o suficiente? –, mas ao contrário, iluminar sua coerência), essa outra acusação – de "binarismo" – que me dirigiram, de maneira mais disfarçada, referente à construção de uma relação entre a Europa e a China (construção "tanto mais sedutora e satisfatória na medida em que enaltece uma propensão natural à simetria como um retorno narcísico sobre si mesmo"[7] – e outras pequenas tolices daqueles que não querem compreender). O fato é antes que, a partir do momento em que traduzo, *estou na binaridade*; e que, se "construo" efetivamente, é em primeiro lugar para iluminar as condições de possibilidade dessa tradução. Não há posição de domínio, nem das línguas nem das culturas: sair dessa tensão entre línguas de ponto de partida e de chegada, as únicas entre as quais posso trabalhar, levaria imediatamente ao panorama geral (em que língua) e não passa nunca senão de uma maneira – ou melhor, uma fuga – de reinvestir suas categorias de partida, revigorando assim os velhos recortes e permanecendo em casa.

Por exemplo, quando estabelecemos, para dar mostras de espírito de abertura e tornar mais aceitáveis os direitos humanos para as outras culturas: "Trata-se de dar conta do próprio pluralismo do direito"[8], constato que, a despeito de sua boa vontade, o pensamento europeu continua sem sair de sua casa. Ele não começou a des-categorizar e se repensar: a noção (europeia) de direito é variada, mas em absoluto incomodada; continua pré-imposta como âmbito inicial no seio do qual poderemos intercambiar. O confronto da lei face ao *rito*, por exemplo, tal como tradicionalmente desenvolvido na China, nem sempre é considerado. Ora, preservando o conceito de direito tal qual, não retrabalhado, posso entrar efetivamente numa concepção "pluralista"? Desconfiemos igualmente dessa espécie de *neofigurismo* que frequentemente é sua consequência: quando procuramos de boa vontade (ou para não incomodar o fundamentalismo de seu pensamento) equivalentes dos direitos humanos nas outras culturas, não fazemos como esses missionários na China que já se empenhavam em reencontrar os delineamentos do Deus da Revelação cristã no "Céu" dos chineses ou no *Shangdi*? Ou ainda, quando tomamos por prefiguração da "democracia" na China, nela projetando dessa forma expectativas ocidentais, o sistema de regulação instaurado pelos procedimentos codificados da "recriminação" – eles que não tinham em vista senão limitar o autoritarismo do Príncipe.

2. Esse diálogo que recoloca as culturas entre si no canteiro de obras, incluindo a ocidental, nos confrontos diversos impelidos a se multiplicar, e isto em primeiro lugar mediante a tradução, não é apenas a única maneira *sensata* de deter o *clash* que vemos hoje entre civilizações – entendo aqui "por civilização" a cultura instaurando-se em seu modo histórico. Pondo em ação a defasagem, recolocando em tensão, isto é, ainda mais explicitamente, re-fissurando com seu *dia* as universalidades fechadas para nele libertar a exigência de superação própria do universal, esse *dia-logo* é também a única maneira inteligente – *logos* – de resistir à uniformização ambiente; e – devo dizê-lo também? – a todo tédio do mundo vindouro.

Cada época tem sua forma de resistência, ostensiva ou discreta – definamos a nossa: a *defasagem* é o conceito de uma resistência cultural que é também ética e política. Pois a uniformização, entre outros simulacros, produziu o de estimular a aliança e a paz; acredita-se nela porque ela faz calar as divergências, fonte de progresso. Mas isso é enganar-se, mais uma vez, acerca de sua natureza; quando não corresponde a fins de pura produtividade, a uniformização é burocrática, imposta por medidas anônimas, muito mais que democrática (por sua pseudoigualdade). Assim como o nivelamento não é a igualdade, o "standard" não é a paz. Prova disso, bem perto de nós, diante de nossos olhos, essa máquina de uniformização que é "Bruxelas". Enquanto a Europa se forjar apenas por uniformização e redução de defasagens, sua construção, à imagem destas, será estéril, incapaz de mobilizar: enquanto empreendimento de homogeneização forçada, ela não sugere à heterogeneização necessária senão as soluções mais pobres, menos fecundas, as do retraimento identitário e da recusa obstinada de tudo que nem por isso deixa de aparecer de forma inegável, como construção *comum*, uma lógica da História.

E, para começar, qual ou quais línguas serão faladas na Europa? Seus legisladores podem omitir-se de precisar? A Europa, entretanto, não voltará a ser inventiva enquanto não houver levado em conta que boa parte de sua invenção deveu-se, precisamente, à pluralidade de suas línguas de cultura. Um homem "culto" foi definido inicialmente na Europa como aquele que conhecia várias – grego e latim em primeiro lugar; e é apenas não cessando nunca de tomar emprestado e reinterpretar, de uma língua a outra, que a Europa fecundou-se e renovou-se – *inventou-se*. Logo, o futuro da Europa está na reativação recíproca das grandes línguas europeias e não numa língua *standard* – o inglês ou outra qualquer – que facilite a comunicação. O que já nos ensinavam os primórdios da filosofia europeia. Embora saibamos que os filósofos estão na Grécia, nem por isso a filosofia deixou de nascer em Roma: nas traduções tateantes de Lucrécio e Cícero. Ou, embora saibamos que a filosofia é uma "coisa grega", como não param de repetir desde Hegel, ela só se torna plenamente ela mesma descolando-se do idioma no qual surgiu. Assim, se traduzir é pensar, a recíproca também é verdadeira, pelo menos na Europa, e foi ela, inclusive, que, por um lado, fez culturalmente a Europa: pensar é sempre *também*, de certa forma, traduzir. Ter-se tornado babélica, a partir dos gregos, foi uma possibilidade aberta pela filosofia.

Pois essa experiência da tradução não apenas desvelou para a filosofia outra exigência de universalidade, de natureza translinguística, diferente da que ela concebera ao promover a generalidade do conceito, mas, acima de tudo, tornou possível para o pensamento sondar-se a montante de si mesmo. Esse confronto tateante com outra língua permitido exclusivamente por determinada reflexividade da filosofia – reflexão no sentido literal: ela pôde começar a se perceber ao se exportar para esse outro meio. Ao introduzir uma exterioridade relativa, comparativa, do pensamento em relação à sua língua, esse confronto fazia-a reconhecer e medir a configuração do pensável na qual ela mesma se articulava: iluminava assim obliquamente, mediante esse descolamento do idioma, ao mesmo tempo o implícito e o insólito de seu pensamento.

O que se constata com maior facilidade de um ponto de vista externo: vemos confirmar-se, da China, e por oposição, essa capacidade de *autorreflexão* que a dispersão das línguas europeias conferiu à filosofia. Pois o que distingue o letrado chinês do intelectual europeu, em primeiro lugar, senão que ele conheceu uma única língua de cultura, como língua escrita, e isto até o fim do século XIX: a única língua dos sinogramas? Pois nem mesmo a descoberta do sânscrito, trazendo o ensinamento búdico, mudou a aposta na China; as traduções dos sutras são feitas por intermediários e nos confins. Não apenas o letrado chinês não aprende outra língua nem se confronta, por sua vez, com a dificuldade da tradução, isto é, com a *defasagem* trabalhando entre as línguas, como não é sequer levado a considerar que pensa *em língua*: em virtude disso, viu-se privado de todo viés que lhe permitisse remontar nas condições de seu pensamento. Provavelmente esta é uma das razões pelas quais o pensamento chinês articulou-se menos filosoficamente. Os semas nocionais chineses autocomentam-se e "saboreiam-se" ao infinito; mas, sem essa defasagem aberta pela disparidade das línguas, não poderiam refletir-se nem sequer autorizar qualquer distância crítica com relação a si mesmos. Furtam-se à captação. Não cessam de desfiar a evidência (como se não exprimissem senão uma pura imanência) e não são assombrados por nenhuma inquietude (sobre seus limites ou seus pressupostos); permanecem instáveis nas redes alusivas de sua intertextualidade, mas são fechados à deterioração da interlíngua. Assim, sequer suspeitam da acomodação de seu pensamento – embora seja justamente este que constitui a "sabedoria".

A uniformização que afoga as divergências não é mais apaziguadora na escala do mundo inteiro. Anestesiante, o que ela resolve acerca das contradições? Sob sua chapa imóvel não cessa, ao contrário, de trabalhar o recalcado acumulando insidiosamente sua carga explosiva. Teria o Ocidente pelo menos começado a tomar consciência, com efeito, do *trauma* suscitado no seio das outras culturas pela obrigação em que se viram subitamente, diante da potência consolidada da Europa, no fim do século XIX, de dever passar por suas normas nocionais e suas categorias e, até mesmo em primeiro lugar, por sua periodização, que as indexa exclusivamente em sua história? Tivemos um último avatar disso, lembramos muito bem, com o "ano 2000"... Pois o que é o ano 2000, celebrado como festa mundial, quando saímos do Ocidente? A que corresponde na história dos árabes, dos hindus, dos chineses? Quando os missionários cristãos começaram a desembarcar na China, na segunda metade do século XVI, constatamos que seu ensinamento pouco marcou os letrados chineses, que permaneceram majoritariamente apegados a seus próprios âmbitos de pensamento: prova, caso necessário, de que essa mensagem exterior, onto- e teológica, não tinha em si mesmo com que se impor. Em contrapartida, quando a Europa voltou-se pela segunda vez para o "Extremo Oriente", não mais por intermédio das missões, mas pelos cânones, e lá se implantou pela força e pela ciência, uma apoiada na outra, chineses e japoneses foram efetivamente coagidos, frente à supremacia ocidental, a se abrirem às concepções europeias que se impunham como universais. Eis que chineses e japoneses tiveram então que reexprimir sua própria cultura através de um ferramental e uma exigência teórica que não eram os seus, e inclusive acerca dos quais não estava dito que lhes convinham – em todo caso, de imediato: tiveram que engendrar uma "filosofia", uma "lógica", uma "estética"; reconsiderar seu pensamento segundo os recortes do "sujeito" e do "objeto", do "abstrato" e do "concreto", da "matéria" e da "forma", do "ser" e do "atributo" etc.; apropriar-se de nossa mitologia teórica: do Belo, da Verdade, da Criação etc.

Hoje em dia, quando lemos um texto da literatura clássica chinesa reescrito, isto é, redesdobrado em chinês contemporâneo, por sua vez reformatado segundo categorias europeias, ele não oferece senão um pálido reflexo das expectativas culturais ocidentais: embora escrito em chinês, é um texto que passou por essa uniformização categorial como por uma peneira, esterilizado e artificializado. Ora, sob essa uniformização que absorve a defasagem, não apenas algo do sentido, e portanto do possível, perdeu-se – recursos são camuflados e esgotados. Mas eis também que se desenvolve diante dessa perda, em contrapartida, entre os próprios chineses, a convicção de uma incomunicabilidade de sua cultura: de seu "mistério" ou de sua "essência", impenetráveis para os estrangeiros. No Japão, onde é celebrada a "alma japonesa", *yamato damashii*, proliferam os discursos comparatistas mais sumários sobre o "homem japonês" (*nihonjinlon*). Na China expande-se a toda a velocidade o discurso da *sinidade*: reivindicando um "nativismo cultural" (*bentuzhuyi*); invocando um retorno aos "estudos nacionais", estimulados a se demarcar de uma sinologia julgada por demais ocidental e carente de "consanguinidade cultural"; até mesmo estimulando a restauração do "círculo da cultura sinogramática", cuja suposição básica é a de que "os caracteres chineses penetram nosso pensamento, nosso sangue e nosso inconsciente coletivo"...[9] Dá-se crédito, na expressão desse recalcado, à ideia de um inefável da cultura, reinscrevendo-se, por sua vez, na natureza: o cultural *sai por conseguinte do inteligível*, isto é, não se considera mais partilhável por uma comum inteligência. O trabalho do diálogo está abandonado. As noções de "centralidade" chinesa, ou de "espírito chinês", ou de "valores chineses", ou de "valores asiáticos", fecham-se em identidades sectárias, identitárias, julgando-se prenhes de uma tradição imutável e, ao mesmo tempo, de uma irredutível originalidade; e não deixam de fazer o jogo da renovação nacionalista.

3. O que promove a filosofia como olhar, ou melhor, como *resistência*, não é sempre trabalhar para superar a esterilidade das teses opostas que se tornam rotinas para o pensamento? Não procurando negociar entre elas alguma posição mediana, de compromisso, "justo meio", permitindo pactuar com ambos os lados e reduzir o antagonismo, mas mostrando que sua antinomia é vã, que a contradição que assim se congelou deixa escapar outra possibilidade que seu bloqueio impedia entrever: essa nova iniciativa não traz uma solução para seu conflito, mas reconfigura a questão de uma maneira completamente diferente – não resolve o dilema, mas torna-o caduco. Assim acontece hoje com essas teses rivais que dividem a opinião quanto à relação das culturas entre si, e que vemos tão confortavelmente instaladas. De um lado, o que designei como universalismo fácil crê, como que num catecismo pretensamente humanista, em noções ou valores que sejam originariamente universais (nessas "palavras", nos dizem, que "encontramos em todas as línguas") e "cujas diferenças aparecem por si mesmas" como outras tantas variações culturais de uma identidade de princípio.[10]

No lado oposto acha-se a tese relativista, que abandona as diversas culturas à sua perspectiva singular e seu destino único. Ora, recusar-se a aderir ao *credo* universalista, tanto mais asperamente defendido hoje, na medida em que a cultura europeia que o propiciou percebe sua própria potência a ponto de vacilar, significaria necessariamente, em função disso, desembocar nessa outra rotina, a do "culturalismo"?[11]

Entre essas duas fantasias congeladas do Mesmo e do Outro, do retraimento identitário para o Mesmo e do fascínio pelo "grande Outro", há efetivamente coisa bem diferente a fazer. Não "entre", falando propriamente, corrijo-me, pois isso também é ceder à miragem do contexto imposto, mas afastando-se igualmente das duas. Pensar, aliás, não é sempre de certa maneira *afastar-se*, encontrando outro viés – e visada – sobre o impensado? Pois não se trata hoje, para a Europa, de renunciar às exigências de sua razão, cujo universal é efetivamente a pedra angular que sustenta inúmeros e diversos setores, mas de recolocar a Razão no canteiro de obras. Reside nisso, creio, uma oportunidade de nossa época, uma vez que somos a primeira geração à qual a globalização permite viajar mais livremente entre as culturas – esta é, com efeito, definitivamente, a oportunidade a ser agarrada na contracorrente da uniformização esterilizante que ela precipita: a de poder circular entre inteligibilidades diversas para promover *através delas* uma *comum* inteligência – o que naturalmente nada tem a ver com uma cultura única. Entretanto, para isso, falta sustentar com firmeza os dois: ao mesmo tempo a defasagem possível dos pensamentos *e* o dialogismo do espírito. Se não confiamos mais no inatismo de noções que seriam dadas previamente (em que Antes?) e nos livramos de toda definição do "Homem", mas sem renunciar com isso ao comum do inteligível, eis que uma nova perspectiva abre-se ao pensamento, estimulando o trabalho de uma nova manhã – "manhã", porque serão necessárias forças novas para isso: chamarei esse canteiro de obras vindouro de *autorreflexão do humano*. Apenas ele, pelo dispositivo que instaura, pode romper com o *autorreflexo* hoje planetariamente produzido pela uniformidade.

Mas por que dizer aqui o "humano" e não o "homem"? O que liberta ou de que nos purga, que deslocamento e desbloqueio opera, em outras palavras, o retraimento aqui do glorioso substantivo: o "Homem" (com maiúscula?). Isto é, mais uma vez, que possível é reaberto pela colocação entre parênteses e o descerramento daquilo que nosso espírito, aqui também, subentende por "substância" (substrato-sujeito): da ordem do que "se mantém embaixo", formando pedestal, como substrato implícito da representação e su-jeito – sempiterno – da predicação? "O homem é..." Segue-se então inelutavelmente uma determinação de essência impondo seu pressuposto como uma (falsa) universalidade. Ora, o que se autoriza subitamente de novo e vem à luz exclusivamente por esse passo para o lado, precisamente para o lado do *ad*-jetivo, o "humano" vindo servir de substituto para esse "Homem" reconhecido doravante como um velho monólito? Recuperando assim de viés o que o outro termo, o Homem, tem de demasiado *su-posto* precisamente por poder deixar ouvir aquilo de que não obstante nos ocorre inexoravelmente este apelo rousseauniano: "Homens, sejam humanos!"...

O próprio do homem, sua vocação, digamos assim, à beira da tautologia, é ser humano. Ou, dito às avessas: "humano" é o que exprime as características próprias do homem; o que faz aparecer e sentir sua qualidade. Mas será o bastante afastá-los um do outro? Pois, do homem ao humano, não se opera apenas uma seleção e promoção semântica; não é tanto a passagem da classe ao valor que aqui conta ou do genérico ao ético. Opera-se discretamente uma revolução das perspectivas: dependendo se é um ou outro termo, o homem ou o humano, que se regula pela outra e que a relação de dependência inverte-se entre eles, o ponto de vista assumido vê-se inteiramente abalado. O "homem", enquanto noção, exige como seu quinhão uma definição estabelecida como princípio;

enquanto o "humano" é um conceito abertamente exploratório. Logo, não suporei mais o que é o homem, mas detecto – exploro – o que *constitui* o humano. Tendo como corolário, doravante, que é efetivamente o humano – seus traços marcadores, de valor – que *pode* constituir o homem.

O que então é dito ao mesmo tempo a mais e a menos no "humano" do que no "homem", e que basta para abrir um futuro completamente diferente para o pensamento? "Qualquer que seja a definição que dermos do homem", diz Cícero, "é una e válida para todos", *una in omnis valet*. Ora, essa *hominis definitio*, engendrando o humanismo mas encerrando-o também, parece agora pretensiosa em sua subsunção e na maneira como impõe sua universalidade; ao mesmo tempo que, admitindo o caráter substituível de seu conteúdo definicional, se reconhece – esta é sua ambivalência – como estranhamente hipotética. Definição sempre à beira do arbitrário, por conseguinte: imperiosa (imperialista), mas também artificial. Em contrapartida, dizer "não considero nada humano (*nil humani*), muito pelo contrário, estranho a mim", para retomar mais literal e funcionalmente a fórmula de Terêncio, arranca radicalmente o humano de qualquer perspectiva essencialista, sobranceira e de definição, e o concebe numa relação – de tensão, de implicação, de não indiferença – prospectiva e não mais delimitante, que, desdobrada mais uma vez pelo negativo, mantém, ao contrário, esse universal aberto.

Passar do homem ao humano não é, portanto, soçobrar no relativismo, este permanecendo, por sua vez, fatalmente dependente de uma concepção genérica do homem que investe contra ele; porém, desdobrar um plural jamais imobilizado, o das múltiplas culturas como traços marcadores de humanidade, engaja num trabalho que não tem outra caução senão ele mesmo e deve sempre atestar sua pertinência exclusivamente a partir de si. Que tenho a temer por saber hoje em maior escala, remontando na história da Evolução, que o *hominien* apareceu a partir de uma *defasagem* progressiva em relação às outras espécies, lentamente oriundas, por sua vez, de inúmeras defasagens precedentes, o peixe tendo primeiro colocado o pé na terra etc.? Não há nenhum desencantamento, mas antes com que se maravilhar que o desdobramento da vida sobre a Terra, metamorfoseando-se a esse ponto, tenha produzido hoje tal consciência e reflexividade. Ao passo que todo pensamento do Homem acha-se sempre, caso não amparado pelas Grandes Narrativas, no mínimo aprisionado em representações de caráter mitológico de que ele não pode se dar conta (Criação, natureza humana etc.), e portanto não tem outro recurso senão instaurar algum dogma, como último recurso, perante esse impensável (ainda que, por exemplo, apenas para separar, do ponto de vista da "essência", o homem do animal),[12] eis então que a morte anunciada do Homem, depois da de Deus, devolve enfim o pensamento à sua responsabilidade (atesta Foucault); e até esta se torna plena. Numa tal exploração do humano, esse pensamento alerta, tal qual o Barco rimbaudiano, é doravante sem "rebocadores" e sem amarras. Sem mais "grampos", dizia Nietzsche.

Do que é hora de deduzir as consequências: o levantamento feito sobre a diversidade das culturas (a *historia* de Heródoto) não é mais, a partir disso, um simples suplemento – ou melhor, precedente logo esquecido – da reflexão tradicionalmente empreendida pela filosofia. É muito mais que um novo desenvolvimento. Pois ela é agora o lugar, decisivo, onde se desenvolve essa exploração do humano; assim ela convida a filosofia a sair de sua história e ingressar num novo trabalho. Pois verificamos isso novamente em nossos dias: todos esses esquemas de universalidade, mesmo os que engendraram, de seu lado, improvisadamente, as ciências cognitivas, como módulos da moral e em primeiro lugar do conhecimento, também continuam desesperadamente pobres; essa gramática universal é tão pouco convincente, em seu reducionismo, quanto os precedentes formalismos. Por conseguinte, sem poder apoiar-se em alguma universalidade *dada*, que outra fonte de informação referente ao humano poderemos explorar senão a de um levantamento minucioso de seus possíveis testes, diversamente desenvolvidos, e portanto da defasagem surgida entre culturas? Daí esse dispositivo de autorreflexão do humano no qual o pensamento contemporâneo está engajado: o humano reflete-se – ao mesmo tempo se mira e se medita – em suas diversas relações. Ele se descobre através das facetas que iluminam e desdobram suas múltiplas culturas, divisando-se pacientemente entre si: na tradução resistente *entre* línguas de partida e de chegada; na *des-* e *re-*categorização implicadas para passar transversalmente, sem mais poder seguir o fio da História, como entre a China e a Europa, de uma a outra tradição de pensamento – "tradição": esta palavra, talvez muito pouco pertinente no interior de uma cultura, lembramo-nos de Foucault, encontrando em seu confronto sua oportunidade.

Mas não seremos inexoravelmente levados à dispersão do humano, dirão com indignação, e portanto à sua perda – já ouço o grito de alarme –, se seguirmos, sem mais referência ao homem, essas defasagens culturais entranhando-nos, cada um seguindo seu filão, na singularidade? Se não há mais o "homem" que sirva de ponto de ancoragem para essa exploração, o humano, dividido por esse diverso, ainda pode preservar sua consistência. O senhor recusa a altivez do Homem mas não abandona o humano à deriva? Sob esse *dia*, o da defasagem e do dialógico, esse *auto*, o da autorreflexão, corre o risco de se decompor... – *Não*, eu lhes direi, e isto precisamente graças ao *universal*. Pelo menos se este estiver livre de todos os universalismos instalados e se o restituirmos a seu poder. Se, em vez de valer como invólucro ideológico, ele servir efetivamente de ideia reguladora que oriente a pesquisa: descerrando toda totalidade dada, ele não cessará de extrair novamente, irreprimível, as condições de possibilidade de um comum sempre ameaçado de se estreitar e *retrair*; e o sentido *do humano*, por sua vez, não conhecerá mais limite – de medo ou de reticência – para crescer e se desenvolver.

NOTAS

I. Do universal *(p.19-28)*

1. "O que não está dito na *Declaração de 1948* é o que é preciso entender por universalidade", in *Les déclarations des droits de l'homme de 1789*, textos reunidos e apresentados por Christine Fauré (Paris, Payot, 1988, p.21).
2. I. Kant, *Fundamentação da metafísica dos costumes*, início da primeira seção.
3. Alain de Libera, *La querelle des universaux, de Platon à la fin du Moyen Âge*, Col. Des Travaux, Paris, Seuil, 1996.

III. Do comum *(p.36-43)*

1. Georges Braque, *Le jour et la nuit*, Paris, Gallimard, 1952.
2. Idem.
3. Cf., por exemplo, Jeanne Hersch, "Les fondements des droits de l'homme dans la conscience universelle", in *La déclaration universelle des droits de l'homme, 1948-98: avenir d'un idéal commun* (Comissão Nacional Consultativa de Direitos do Homem, atas do colóquio de 14-15-16 set 1998, Sorbonne, Paris).
4. Mireille Delmas-Marty, *Pour un droit commun*, Col. La Librairie du XXe Siècle, Paris, Seuil, 1994.
5. Ibid., p.202.
6. Roberto Esposito, *Communitas*, tradução francesa de Nadine Le Lirzin, Col. Les Essais du Collège International de Philosophie, Paris, PUF, 2000.

IV. Do advento da Cidade à extensão cosmopolítica do comum *(p.44-54)*

1. Marcel Detienne, *Les maîtres de vérité dans la Grèce archaïque*, cap.V, Paris, Maspero, 1967.

2. Cf. as referências clássicas: F. Ogereau, *Essai sur le système philosophique des Stoïciens* (Encre Marine, 2002, p.298s.); Émile Bréhier, *Chrisippe et l'ancien stoïcisme* (Paris, Gordon & Breach, 1971, p.263s.); Malcolm Schofield, *The Stoic Idea of the City* (Cambridge, Cambridge University Press, 1991, p.64s.). Agradeço a Jean-François Pradeau por ter me dado acesso a seu artigo, então ainda no prelo, "Imiter l'univers: remarques sur les origins grecques du cosmopolitisme".

3. Junto-me aqui, em suas conclusões sobre o universal, a Étienne Balibar, *La crainte des masses: politique et philosophie avant e après Marx* (Paris, Galilée, 1997, p.422s.).

V. O outro plano: o universal, categoria lógica da filosofia *(p.55-62)*

1. Remeto a François Jullien, *Si parler va sans dire*, cap.11 (Paris, Seuil, 2006).

VI. Primeiro encontro do universal e do comum: a cidadania romana estende-se ao Império *(p.63-69)*

1. Claudia Moatti, *La raison de Rome*, cap.VI, Col. Des Travaux, Paris, Seuil, 1997.

2. Rémi Brague, *Europe, la voie romaine*, Paris, Criterion, 1992.

3. Yan Thomas, "'Origine' et 'commune patrie': étude de droit public romain (89 av. J.-C.-212 apr. J.-C.)", *Bulletin de l'École Française de Rome*, n.221, 1996.

VII. Paulo e a iniciativa de superação de todo comunitarismo no universalismo cristão *(p.70-81)*

1. Refiro-me principalmente a Günther Bornkamm, *Paul, apôtre de Jésus-Christ*, tradução francesa de Lou Jeanneret (Genebra, Labor & Fides, 1971); bem como ao excelente livro de Alain Badiou *Saint-Paul: la fondation de l'universalisme* (Col. Les Essais du Collège International de Philosophie, Paris, PUF, 1997).

2. Hegel, *A razão na história*, II, 2, "A realização do espírito na história", "Os grandes homens".

VIII. A questão do universal é colocada nas outras culturas? *(p.82-104)*

1. Sigo aqui a análise de Erwin Panofsky, *Les primitifs flamands*, tradução de Dominique Le Bourg (Paris, Hazan, 2003, p.398).

2. Ibid., p.408.

3. Cf. Alain de Libera, *La querelle des universaux, de Platon à la fin du Moyen Âge* (Col. Des Travaux, Paris, Seuil, 1996, p.177s.).

4. Ver, por exemplo, Jean-Claude Vadet, *Les idées morales de l'islam* (Paris, PUF, 1995). Agradeço principalmente a François Déroche pelas preciosas indicações a esse respeito.

5. Raja Ram Dravid, *The Problem of Universals in Indian Philosophy*, Nova Delhi, Motial Banarsidass, 2001.

6. Madeleine Biardeau, *Théorie de la connaissance et philosophie de la parole dans le brahmanisme classique*, Paris-La Haye, Mouton, 1964, p.141s.

7. Agradeço principalmente a Madeleine Biardeau e François Chenet pelas preciosas indicações a esse respeito.

IX. Existem noções universais? Status ideal de um universal cultural *(p.105-131)*

1. Citado em Charles H. Kahn, *The Verb "Be" in Ancient Greek* (Dordrecht/Boston, D. Reidel, 1973, p.4).

2. Remeto a François Jullien, *Un sage est sans idée* (Paris, Seuil, 1998, p.95s.).

3. Remeto a François Jullien, *Du "temps": éléments d'une philosophie du vivre*, caps.2-3 (Paris, Grasset, 2001).

4. Remeto a François Jullien, *Nourrir sa vie: à l'écart du bonheur*, cap.4 (Paris, Seuil, 2005).

5. Raimundo Panikkar, "La notion des droits de l'homme est-elle un concept occidental?", *La Revue du Mauss*, n.13, La Découverte, 1999, p.211.

6. Lao-tsé, *Tao-tö king*, Paris, Gallimard, 1967; e *La voie et sa vertu*, Paris, Seuil, 1979.

7. Remeto a François Jullien, *La grande image n'a pas de forme*, cap.6 (Paris, Seuil, 2003).

8. Ver, por exemplo, o simpósio internacional "Diversité culturelle et valeurs transversales: un dialogue Est-Ouest sur la dynamique entre le

spirituel et le temporel" (Paris, Unesco, 7-9 nov 2005). Exemplo típico de boa vontade, mas impotente no plano teórico.

9. Madeleine Biardeau, *Théorie de la connaissance et philosophie de la parole dans le brahmanisme classique*, Paris-La Haye, Mouton, 1964, p.20.

10. Ibid., p.17.

11. Remeto a François Jullien, *Chemin faisaint: connaître la Chine, relancer la philosophie*, caps.9-10 (Paris, Seuil, 2007).

12. Ernesto Laclau, "L'universalisme, le particularisme et la question de l'identité", *La Revue du Mauss*, n.13, La Découverte, 1999, p.131s.

13. Étienne Balibar, *La crainte des masses: politique et philosophie avant et après Marx*, Paris, Galilée, 1997, p.441s.

14. I. Kant, *Crítica da razão pura*, "Dialética transcendental", "Conceitos da razão pura"; e *Crítica da faculdade do juízo*, "Analítica do belo", §8-9 e 18-22. Voltar a Kant – sobretudo à terceira *Crítica* – para desbloquear o que justamente um certo kantismo encurralou é um caminho bastante percorrido na filosofia contemporânea (em especial, por Hannah Arendt); mas proponho deslocar esse percurso para o diálogo das culturas, que é um desafio inédito.

15. I. Kant, *Crítica da razão pura*, "Dialética transcendental", VIII seção, apêndice à dialética, §1.

16. I. Kant, *Crítica da faculdade do juízo*, "Analítica do belo", §18.

X. Direitos humanos – noção de universalizante *(p.132-155)*

1. Numa reflexão empreendida há mais de 20 anos, Marcel Gauchet mostrou que os direitos humanos "não podiam ser uma política" e que, se haviam se tornado uma política, havia sido ao preço de um consenso ideológico que levou ao eclipse do político que constatamos hoje (cf. artigos de *Débat*, jul-ago 1980 e mai-ago 2000, reproduzidos em M. Gauchet, *La démocratie contre elle-même*, Col. Tel, Paris, Gallimard, 2002, p.1-26 e 326-85). Ao mesmo tempo que concordo plenamente com essas análises, não posso deixar de constatar como a questão dos direitos humanos conhece um novo desabrochar por dar forma – e servir de linha de ruptura – ao conflito aberto entre as culturas: logo, deve ser considerada no plano que põe diretamente em jogo a concepção do universal.

2. Ver *Les déclarations des droits de l'homme de 1789*, textos reunidos e apresentados por Christine Fauré (Bibliothèque Historique, Paris, Payot, 1988, p.15s.). Cf. também Marcel Gauchet, *La révolution des droits de l'homme* (Bibliothèque des Histoires, Paris, Gallimard, 1989).

3. Adrien Duquesnoy, deputado de Bar-le-Duc, citado por Christine Fauré em *Les déclarations des droits de l'homme de 1789*, op.cit., p.16.

4. Georges Vedel, citado por Christine Fauré, em *Les déclarations des droits de l'homme de 1789*, op.cit., p.17.

5. Ver, em especial, Michel Villey, *Le droit et les droits de l'homme* (Paris, PUF, 1986).

6. Thomas Hobbes, *Leviatã*, cap.14, início.

7. Raimundo Panikkar, "La notion des droits de l'homme est-elle um concept occidental?", *La Revue du Mauss*, n.13, La Découverte, 1999, p.229s.

8. Sami Awad Aldeeb Abu-Sahlieh, *Les Musulmans face aux droits de l'homme*, Bochum, Dieter Winkler, 1994, p.14.

9. É efetivamente esse argumento da "Harmonia" que é sistematicamente invocado pelos dirigentes chineses para pregar uma peça nos direitos humanos, bem como na denúncia feita pelos ocidentais de sua violação na China. Constatamos com facilidade na imprensa chinesa desses últimos meses que os Jogos Olímpicos de Pequim, recusados uma primeira vez em nome dos direitos do homem, mas programados para 2008 sob pressão dos interesses econômicos e de seu realismo político, fazem aumentar em potência o conflito dos valores.

10. Numa abordagem lúcida, Marcel Gauchet analisou perfeitamente como, por sua "simplicidade evangélica" e beneficiando-se de uma nova confusão entre as esferas do intelectual e do midiático, o credo dos direitos humanos oferecia uma consciência limpa e barata: sua ideologia consensual é tanto mais bem-vinda na medida em que cultiva a postura de oposição e se agarra à evidência do escandaloso. Daí o conforto de uma posição que ataca, com veemência, qualquer reflexão sobre eles: pois "procurar saber, procurar compreender" não seria, necessariamente, "querer diferençar com relação à urgência do intolerável", "começar a pactuar com o inaceitável", "procurar desculpas para o indesculpável"?... (M. Gauchet, *La démocratie contre elle-même*, op.cit., p.357). É notoriamente verificável, a propósito da China, que são nossos revolucionários

intolerantes de antigamente que, "como táticos clarividentes", de fato investem irrefreadamente ao substituírem os direitos do homem por seu precedente dogmatismo.

11. Cf., por exemplo, Jack Donnelly, "The relative universality of human rights", cap.3, in *International Human Rights* (Boulder, Westview Press, 2007).

12. Se julgo necessário descrever essa dimensão incondicional e, portanto, absoluta dos direitos humanos em termos de dimensão *negativa* (é a privação ou a falta desses direitos que abre, no seio mesmo da experiência, para um incondicional da experiência e suscita, por conseguinte, uma recusa *a priori* legítima), é porque não podemos fazê-lo, me parece, em termos de *mínimo*, como é corriqueiro, ou, mais precisamente, como um "ponto pragmático mínimo que permita a pessoas bem diversas reunirem-se na luta contra ditaduras, despotismos, tiranias e totalitarismos de todo tipo que florescem no planeta" (Marcel Gauchet, *La démocratie contre elle-même*, op.cit., p.2-3). Pois como determinar precisamente esse "mínimo" de maneira transcultural sem que seja necessariamente relativa?

13. Jürgen Habermas, *Moralbewusstsein und kommunikatives Handeln*, Frankfurt am Main, Suhrkampf, 1983, p.67s. [Ed. fr.: *Morale et communication*, tradução de Christian Bouchindhomme, Col. Champ, Paris, Flammarion, 1999, p.78s.]

XI. Nem síntese, nem denominador, nem fundamento, ou de onde vem o comum *(p.156-176)*

1. Sobre essa concepção ingênua de uma alteridade radical estimulando uma complementaridade feliz entre o Ocidente e a China, ver, por exemplo, Pierre Ryckmans (Simon Leys), "Connaître et méconnaître la Chine", publicado em *Le Magazine Littéraire* (n.455, jul-ago 2006, p.6).

2. Ver, por exemplo, Wu Kuang-ming, "Time in China", in *On the "Logic" of Togetherness: A Cultural Hermeneutic* (Leiden, Brill, 1998, p.342s.).

3. Idem.

4. Ver, por exemplo, a posição de Sebastiano Maffetone, in Bruno Latour e Pasquale Gagliardi (orgs.), *Les atmosphères de la politique: dialogue pour un monde commun* (Les Empêcheurs de Penser en Rond, Paris, Synthélabo, 2006, p.89s.).

5. Ver, por exemplo, Hans Küng e Karl Joseph Kuschel, in *A Global Ethic: The Declaration of the Parliament of the World's Religions* (Nova York, Continuum, 1995, p.18.).

6. Ibid., p.20.

7. Idem.

8. Remeto a François Jullien, *L'Ombre au tableau: du mal ou du négatif* (Paris, Seuil, 2004, p.16s.).

9. Citemos "Celebração de um ano internacional da consciência planetária e da ética do diálogo entre os povos", Conferência Geral da Unesco, 33ª sessão, Paris, 2005; ou o projeto, também da Unesco, Estratégia a Médio Prazo – 2008-2013 (doc. 34 C/4), no item "Objetivo primordial 4/10" ("Demonstrar a importância das trocas e do diálogo entre as culturas pela coesão social, a reconciliação e a paz'); ou, ainda, Jérôme Bindé, Jean-Yves Le Saux e Roger Gudmundsson, *Un monde nouveau* (Paris, Unesco/Odile Jacob, 1999, p.470s.). Quantas páginas para dizer apenas o convencional...

10. U. Unger, "Goldene Regel und Konfuzianismus" (As regras de ouro do confucionismo), *Minima sinica*, 2, 2003, p.19-41.

11. Karl-Otto Apel, "La question d'une fondation ultime de la raison", tradução francesa de Suzanne Foisy e Jacques Poulain, *Critique*, n.413, out 1981, p.895s.

12. Remeto a François Jullien, *Si parler va sans dire: du* logos *et d'autres ressources* (Paris, Seuil, 2006).

13. Ibid., p.148s.

14. G.W.F. Hegel, *Lições sobre a história da filosofia*, "A filosofia oriental".

15. Jürgen Habermas, *Moralbewusstsein und kommunikatives Handeln*, Frankfurt am Main, Suhrkampf, 1983, p.88. [Ed. fr.: *Morale et communication*, trad. Christian Bouchindhomme, Col. Champ, Paris, Flammarion, 1999, p.99.]

16. Ibid., p.99-100. [Ed. fr.: ibid., p.111.]

17. Guo Qingfan, *Xiaozheng Zhuangzi jishi*, Taipei, Shijie shuju, p.949.

18. Idem. Cf. François Jullien, *Si parler va sans dire: du* logos *et d'autres ressources*, op.cit., p.159s.

19. Jürgen Habermas, *Moralbewusstsein und kommunikatives Handeln*, op.cit., p.110. [Ed. fr.: *Morale et communication*, op.cit., p.121.]

20. Cf. François Jullien, *Du "temps": éléments d'une philosophie du vivre* (Paris, Grasset, 2001, p.117s.).

21. Guo Xiang comentando Chuang-tzu, in Guo Qingfan, *Xiaozheng Zhuangzi jishi*, op.cit., p.79. Cf. François Jullien, *Un sage est sans idée* (Paris, Seuil, 1998, p.138).

22. I. Kant, *Crítica da faculdade do juízo*, "Analítica do belo", §21.

23. Karl-Otto Apel, "La rationalité de la communication humaine dans la perspective de la pragmatique transcendentale", tradução francesa de Jean Michel Le Lannou, *Critique*, n.493-4, jun-jul 1988, p.587-8.

XII. "Culturas": defasagens de língua – recursos de pensamento *(p.177-195)*

1. Remeto a François Jullien, *Un sage est sans idée* (Paris, Seuil, 1998, p.15s.).

2. F.W. Nietzsche, *Jenseits von Gut und Böse* (*Além do bem e do mal*), I. "Preconceitos dos filósofos", §20.

3. G.W.F. Hegel, *Fenomenologia do espírito*, Prefácio, §2.

4. Remeto aqui, por exemplo, a François Jullien, *Si parler va sans dire* (Paris, Seuil, 2006, p.158.)

5. Cf. François Jullien e Thierry Marchaisse, "La première leçon de chinois", in *Penser d'un dehors* (*la Chine*) (Paris, Seuil, 2000, p.59).

6. Remeto a François Jullien, "L'esprit d'un paysage", cap.9, in *La grande image n'a pas de forme* (Paris, Seuil, 2003).

7. I. Kant, *Crítica da razão pura*, "Analítica transcendental", I, 2.

8. Pego essa categoria emprestada de Philippe Descola, *Par-delà nature et culture* (Paris, Gallimard, 2005).

9. "Tudo que pretendemos mostrar aqui é que *a estrutura linguística do grego predispunha* a noção de 'ser' a uma vocação filosófica", Émile Benveniste, in *Problèmes de linguistique générale* (Paris, Gallimard, 1966, p.73).

10. Remeto a François Jullien, *Si parler va sans dire*, cap.12, op.cit.

11. Remeto a François Jullien, *Du "temps": éléments d'une philosophie du vivre*, caps.1-4 (Paris, Grasset, 2001).

XIII. Construir o diálogo das culturas contra a uniformização reinante: o autorreflexo do humano *(p.196-212)*

1. Samuel P. Huntington, *Le choc des civilisations*, Paris, Odile Jacob, 1997.

2. Ibid., p.17.

3. Ibid., p.25.

4. Ibid., p.340.

5. Ibid., p.345.

6. Remeto a François Jullien, "Dia-logue", in *Si parler va sans dire* (Paris, Seuil, 2006).

7. Anne Cheng, "Pour en finir avec le mythe de l'altérité", in Anne Cheng (org.), *La pensée en Chine aujourd'hui* (Col. Folio, Paris, Gallimard, 2007, p.9). Indago-me: como se pode esperar "terminar" com a alteridade em filosofia quando ela é, evidentemente – não sabemos disso desde Platão? –, um de seus principais conceitos?

8. Christophe Eberhard, "Pluralisme et dialogisme: les droits de l'homme dans une mondialisation qui ne soit pas seulement une occidentalisation", *La Revue du Mauss*, La Découverte, 1999, p.273.

9. Cf. Wang Yuechuan, citado no bom estudo de Zhang Yinde "La 'sinité': l'identité Chinoise en question", in Anne Cheng (org.), *La pensée en Chine aujourd'hui*, op.cit., p.300s.

10. Jean-François Billeter, *Contre François Jullien* (Paris, Allia, 2006, p.54, 59, 82). Minha réplica encontra-se em *Chemin faisaint: connaître la Chine, relancer la philosophie*, caps.7 e 9 (Paris, Seuil, 2007).

11. Um confinamento nesse tipo de confronto obstinado é o de Jean-Luc Domenach em "Coup de sonde" (*Esprit*, jun 2007, p.180s.).

12. *La fin de l'exception humaine*, de Jean-Marie Schaeffer (Paris, Gallimard, 2007), que descubro ao reler estas provas, parece-me mostrar grande afinidade com essas posições.

Este livro foi composto por Letra e Imagem em Marat 11/14,65
e impresso em offset 90g/m² e cartão triplex 250g/m²
por Geográfica Editora em outubro de 2009.